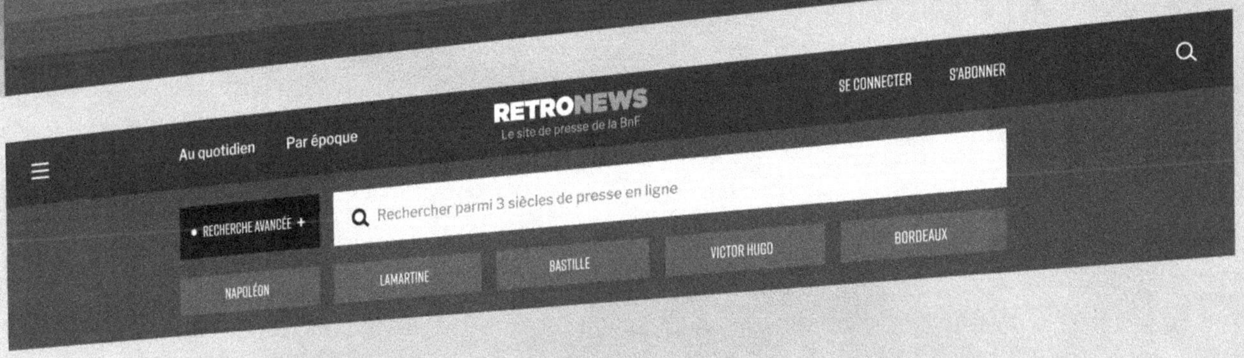

ANNUAIRE

DE LA

SOCIÉTÉ ARCHÉOLOGIQUE

DE LA

PROVINCE DE CONSTANTINE.

1854-1855.

Constantine. — Impr. Abadie.

ANNUAIRE

DE LA

SOCIÉTÉ ARCHÉOLOGIQUE

DE LA

PROVINCE DE CONSTANTINE

1854-1855

Constantine
ABADIE, LIBRAIRE
Rue du Palais

Paris
A. LELEUX, LIBRAIRE
Rue des Poitevins, 11

MDCCCLV.

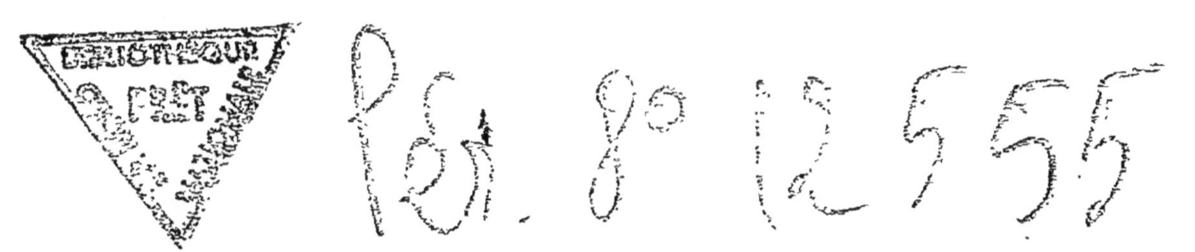

INTRODUCTION.

L'impulsion donnée aux études archéologiques dans la province de Constantine est due toute entière à la Société fondée dans notre ville, vers la fin de l'année de 1852, par MM. Creully, Léon Renier et A. Cherbonneau. En effet, sans l'activité que déploient la plupart de ses membres, sans le zèle qu'ils ont su communiquer aux personnes les plus indifférentes, on aurait eu le regret de voir disparaître pièce à pièce les souvenirs de l'antiquité romaine. L'ignorance et le vandalisme auraient anéanti les précieux témoignages de l'histoire locale.

Aujourd'hui, sauf de rares exceptions, chacun s'empresse d'offrir le fruit de ses recherches au Musée commencé par les soins de MM. De Lannoy et Villevaleix, au bas de la place du Caravansérail. Une généreuse émulation, qui a pour mobile le désintéressement le plus pur, pousse nos concitoyens, souvent même les Arabes, à venir déposer dans cette collection publique les statues, les cippes, les vases, les ustensiles et les médailles, qui ont été ramassés dans la campagne ou retirés des décombres d'une maison. C'est ainsi qu'ont commencé les Musées les plus remarquables, c'est ainsi qu'ils s'enrichissent. Les sacrifices faits par l'administration sont complétés par les dons particuliers. Plus heureuses que Constantine, les villes d'Alger et de Cherchel ont vu leurs monuments anciens rassemblés avec ordre et confiés à la surveillance de savants conservateurs. Avant peu, nous l'espérons, notre cité n'aura plus rien à envier, sous ce rapport, à ses rivales : car les travaux de la Société archéologique ont attiré vers elle la sollicitude de M. le Ministre de l'Instruction publique et des Cultes.

Notre premier volume, auquel n'a point manqué le suffrage de l'Académie des inscriptions et belles-lettres, s'ouvrait par un coup-d'œil jeté sur les ressources que possède la Numidie, où se sont opérées tant de révolutions successives, et comprenait, outre le recueil complet des inscriptions de Constantine, un mémoire sur les antiquités de cette ville, d'après les auteurs indigènes.

Les causes dissolvantes que les sociétés scientifiques ont rencontrées jusqu'ici en Algérie, et dont la principale est l'extrême mobilité du personnel de la colonie, en apportant quelque retard à la publication de notre deuxième volume, nous ont encore obligés d'y réunir les travaux de deux années, l'année 1854 et l'année 1855.

Fidèles à notre programme, qui se résume par les mots : *Recueillir, conserver et décrire*, nous n'avons eu d'autre ambition que de faire connaître des matériaux historiques, dont le principal mérite est d'être entièrement inédits.

Nous n'avons pas besoin de donner ici l'explication détaillée des vingt planches qui terminent le volume. Les légendes, dont elles sont accompagnées, suffisent pour indiquer la provenance des objets et des monuments qu'elles représentent. Mais, nous nous faisons un devoir de nommer les personnes qui ont bien voulu seconder nos travaux, soit en mettant à notre disposition l'habileté de leur crayon, soit en plaçant sous nos yeux les riches collections qu'elles possèdent. Les remerciments de la Société archéologique de la province de Constantine s'adressent principalement à MM. Ch. Tissot, Dolly, Féraud, Rémond, Ducas, Costa, Limbéry, Gouvet et Marie.

Nous appellerons seulement l'attention des philologues sur les planches I et II qui ont été exécutées d'après les dessins de M. Féraud. La première est la reproduction fidèle et consciencieuse d'une inscription appartenant à M. Costa ; l'autre présente le tableau d'un alphabet berbère que nous avons extrait de la paléographie d'Eyyoub-ben-Mosléma, et qui, grâce à un heureux hasard, s'accorde parfaitement avec les caractères contenus dans ce fragment épigraphique.

Constantine, le 5 Novembre 1856.

LISTE

des Membres souscripteurs par ordre alphabétique.

(ANNÉE 1854.)

MM. AUBER, architecte en chef du département de Constantine.

AUBIN, lieutenant au 3e chasseurs d'Afrique.

BACHE, employé de la Préfecture de Constantine.

CHAPTAL (comte de), commissaire civil à Guelma.

CHERBONNEAU (A.), professeur d'arabe à la chaire de Constantine.

CHOISNET, conseiller secrétaire-général de la Préfecture de Constantine.

CRÉCY (de), capitaine de zouaves.

CREULLY, colonel du génie, directeur des fortifications de la province de Constantine.

CREUZAT, curé de Constantine.

DUBOC, chef du service des mines de la Province.

DUPOUET, capitaine du génie.

FOY, commandant du génie.

GADOT, pharmacien.

LANNOY (de), ingénieur en chef des ponts et chaussées, à Constantine.

LONG, commandant du génie à Bône.

LUC, défenseur à Constantine.

MARSILLY (de), capitaine du génie à Constantine.

MEURS, architecte de l'arrondissement de Philippeville.

MILLOCHIN, directeur de l'enregistrement et des domaines de la province de Constantine.

NEVEU (de), chef d'escadrons d'état-major, directeur divisionnaire des affaires arabes de la Province.

REMOND, inspecteur des bâtiments civils à Constantine.

STAMMLER, capitaine du génie.

SWEINBERG, lieutenant des tirailleurs indigènes, à Lambèse.

VALOIS, juge de paix à Constantine.

VEILHAN, capitaine du génie à Constantine.
VIGNARD, interprète principal de l'armée d'Afrique.
VITAL, médecin en chef de l'hôpital militaire.
VIVIEZ, vérificateur des domaines à Constantine.

Membres honoraires.

MM. BERBRUGGER, membre correspondant de l'Institut, conservateur du Musée d'Alger, inspecteur général des monuments historiques de l'Algérie.
LA MARRE (de), chef d'escadrons d'artillerie.
RENIER (Léon), bibliothécaire de la Sorbonne.
TEXIER, inspecteur général des bâtiments civils de l'Algérie.

Bureau pour l'année 1854.

MM. LANNOY (de), président.
CREULLY, premier vice-président.
CREUZAT, deuxième vice-président.
CHERBONNEAU, secrétaire.
REMOND, secrétaire-adjoint.
MILLOCHIN, trésorier.

Membres du Conseil d'Administration.

MM. CHOISNET.
VITAL.
MARSILLY (de).
NEVEU (de).
FOY.

LISTE SUPPLÉMENTAIRE

DES MEMBRES SOUSCRIPTEURS POUR L'ANNÉE 1855.

MM. HARAMBOURE, procureur impérial à Constantine.
LANGLOIS (Victor), secrétaire de la société Orientale à Paris.
LAUREAU, inspecteur des bâtiments civils à Guelma.

LEBIEZ, ingénieur ordinaire des ponts et chaussées, à Constantine.

LICHTLIN, inspecteur des eaux et forêts de la province de Constantine.

MARCHAND (J), instituteur communal à Constantine.

MILHÈS, entrepreneur.

PELLETIER, inspecteur des bâtiments civils à Bougie.

SACHOT (Octave), avocat à Paris.

SÉGUY-VILLEVALEIX, maire de la ville de Constantine.

Bureau pour l'année 1855.

MM. FOY, président (jusqu'au mois de mai).
MEURS, président (depuis le mois de mai).
CREUZAT, premier vice-président.
CHOISNET, deuxième vice-président.
CHERBONNEAU, secrétaire.
REMOND, secrétaire-adjoint.
MARCHAND, archiviste.
MILLOCHIN, trésorier (jusqu'au mois de novembre).
VIVIEZ, trésorier (depuis le mois de novembre).

Membres du Conseil d'Administration.

MM. VITAL.
VALOIS.
GADOT.
LUC.
LEBIEZ.

Académies et Sociétés correspondantes.

Société impériale des antiquaires de France.
Société archéologique de l'Orléanais.
Société historique Algérienne.
Société des sciences, belles-lettres et arts du département du Var.
Académie de Bordeaux.

ESSAI

SUR LA

LITTÉRATURE ARABE AU SOUDAN

d'après le *Tekmilet-ed-dibadje*

D'AHMED-BABA, LE TOMBOUCTIEN.

En Afrique, le rôle de l'archéologie ne peut pas se borner exclusivement à l'investigation des antiquités Romaines ou des antiquités Numides. L'examen des effets produits par l'invasion islamique sur l'esprit des nations confinées au delà des sables et défendues par la zône torride, entre sans effort dans le domaine de l'archéologie. C'est la raison qui m'autorise à placer dans l'*Annuaire* un Essai sur la littérature arabe au Soudan.

Le travail que j'ai commencé depuis plusieurs années, d'après le recueil biographique d'Ahmed-Baba, n'eût-il eu pour résultat que de prouver la participation des races noires à la vie intellectuelle, je ne regretterais point de l'avoir entrepris. Mais il démontre heureusement plus d'un fait, et se rattache, par une infinité de côtés, à l'histoire générale du peuple arabe. La religion qui change les mœurs, la littérature qui les adoucit, en pénétrant dans le centre de l'Afrique avec les missionnaires du Koran, ont établi un lien indissoluble entre cette partie du monde et l'Orient musulman. Depuis une époque, qu'il est difficile de déterminer, des déserts réputés infranchissables sont traversés, chaque année, par des armées de pélerins et de savants, cheminant avec un pieux recueillement vers les lieux saints. On a vu les uns se fixer à la Mecque ou à Médine, afin d'y entretenir et d'y satisfaire plus pleinement leur dévotion; les autres, non moins préoccupés de la science que du culte, rechercher avec zèle les docteurs éminents de l'Arabie, de la Syrie et de l'Egypte, dans le but d'étudier sous leur direction les livres fondamentaux et de se perfectionner au contact de leur intelligence.

Révélation singulière et inattendue que celle d'un mouvement littéraire au cœur de l'Afrique, à Tombouctou! Nous possédions des documents sur les productions du sol et sur le commerce de cette contrée presque mytérieuse; nous avions des renseignements sur les pratiques religieuses et sur les mœurs des indigènes; mais de leur vie morale et intellectuelle, quelques faibles notions nous étaient à peine parvenues. Ibn-Batoutah (1) est peut-être le seul écrivain connu, qui nous ait transmis dans son *Itinéraire* une description où l'on suive la marche lointaine de l'islamisme et de sa littérature à travers les solitudes du Soudan. Ibn-Khaldoun rapporte avec fidélité quelques notes qu'il tenait des cheikhs Otman et Ibn-Ouaçoul. Et la science serait encore réduite, il faut bien le dire, à ces éléments incomplets, sans la découverte du livre d'Ahmed-Baba, qui forme la galerie des docteurs les plus éminents de l'Afrique jusqu'au milieu du XVIe siècle, sous le titre de *Tekmilet ed-dibadje*, « Complément du Dibadje d'Ibn-Ferhoun. »

Loin de moi la prétention de reconstituer l'histoire de la littérature arabe chez les Nègres; mes ressources sont encore trop faibles, et surtout trop restreintes, pour me permettre d'arriver au but. Ce que j'essaie actuellement, sur la foi d'un docteur indigène, qui avait beaucoup lu et beaucoup voyagé, c'est d'esquisser les progrès du Koran parmi des populations languissantes dans l'inertie de la simple nature, séparées du reste de l'univers, en un mot, aussi ignorantes qu'ignorées ; de constater l'influence exercée sur elles par l'islamisme, d'énumérer les medarsa « écoles », où l'on enseignait en même temps la langue de Mahomet, sa doctrine et son code, à des hommes avilis par le fétichisme ; enfin, d'expliquer la succession des faits par la nomenclature des hommes et de leurs écrits ; méthode défectueuse, sans doute, mais conforme au modèle que j'ai sous les yeux, le *Tekmilet ed-dibadje.*

Ahmed-Baba nous ouvre des horizons nouveaux ; il nous apprend des faits dont on ne soupçonnait point l'existence. Son livre contient, entre autres, quinze notices sur des docteurs, nés pour la plupart dans la Tombouctie ou venus là pour la prédication, et se termine par son autobiographie. Dans cette espèce de dictionnaire, disposé par ordre alphabétique, comme ceux d'Ibn-Khallicân et d'Ibn-Ferhoun, il est question d'écoles fréquentées par un grand nombre de *thâleb ;* de professeurs, écrivains eux-mêmes, expliquant en arabe les ouvrages consacrés par la tradition de la secte de l'imam Malek ; de bibliothèques relativement considérables, œuvres des lettrés du Soudan ; et de princes entourant les hommes de science de leurs encouragements et de leur bienveillance empressée.

Le programme de l'instruction supérieure, au point de vue Maléki, s'y trouve en entier : il est vrai qu'il faut l'y chercher, la plume à la main, en puisant un peu dans chaque biographie. A part cette difficulté, qui est inhérente à la nature de l'ouvrage, on parvient à suivre la marche des principes répandus dans les masses par les grands écrivains de l'islam, et l'on remarque avec surprise qu'à l'origine de la propagande, l'enseignement donné à la jeunesse de ces contrées avait déjà atteint le même niveau que celui des universités de Cordoue, de Tunis, de Bougie, de Tlemcen et du Caire.

Parmi les évènements politiques, mentionnés dans le *Tekmilet ed-dibadje*, il en est un qui n'échappera certainement à l'attention de personne : c'est la prise de Tombouctou par le général marocain Ahmed-Zergoun, en l'année 1002 (de J.-C. 1594). Seulement on regrette que ce récit ne soit accompagné d'aucun détail.

Quoique l'époque de l'introduction de l'islamisme dans une contrée où les Chrétiens n'ont point tenté d'opérer des conversions, reste encore indéterminée, nous pourrions néanmoins la placer vers la fin du 3e siècle de l'hégire, en adoptant toutefois le témoignage d'Ibn-Khaldoun conçu en ces termes : « Les Lemtouna, un des peuples qui portait le *litham* (voile), habitaient le désert et professaient la magisme ; mais, dans le troisième siècle de l'hégire, ils embrassèrent la foi islamique. Ayant alors fait la guerre aux peuples nègres, leurs voisins, pour les contraindre à adopter la vraie religion, ils parvinrent à les soumettre et à fonder un puissant empire. » (*Histoire des Berbères, tom. 2, p. 67; traduction de M. de Slane.*) Après la fièvre de prosélytisme qui a signalé cette période, c'est à peine si l'on saisit quelques indications au milieu des chroniques aussi arides que verbeuses de Maçoudi, d'Ibn-Saïd et d'Ibn-Abd-Elberr. L'un s'étend avec complaisance sur la généalogie de chaque peuplade, les autres parlent de sa position topographique, et de ses révolutions intérieures. C'est encore à Ibn-Khaldoun qu'il faut recourir pour obtenir des données positives sur la vie intellectuelle de ce monde lointain. En 796 (de J.-C. 1393-4), il avait vu au Caire le cheikh Otman, mufti de Ghana (2) qui était venu avec toute sa famille dans l'intention de faire le pélerinage. Il interrogea avec profit les souvenirs de ce lettré, et en forma, en grande partie, la substance du chapitre intitulé « Histoire des rois du Soudan » (*tom. 2, p. 110 et suiv.*), où on lit le passage suivant : « Du temps des Almoravides, les habitants de Melli subjuguèrent les noirs des contrées voisines ; ils vainquirent les Soussou et étendirent leur domination jusqu'à l'Océan atlantique. Ils professaient l'islamisme, et l'on dit que le premier d'entre eux qui embrassa cette religion fut un roi appelé Bermendana. Bermendana fit le pèlerinage, et les rois, ses successeurs, imitèrent son exemple.... Mença-Mouça, fils d'Abou-Bekr se distinguait par sa puissance et par la sainteté de sa vie. Il alla en terre sainte dans le courant de l'année 724 (de J.-C. 1324), et ayant rencontré à la Mecque le poète espagnol, Abou-Ishak-Ibrahim-es-Saheli, mieux connu sous le nom de Toueidjen, il l'emmena avec lui dans le pays des noirs. Dès lors, Abou-Ishak jouit de la faveur toute particulière du sultan et la transmit comme un héritage à ses fils, qui la conservent encore. Ils établirent leur séjour à Oualaten (3), lieu situé sur cette partie de la frontière Mellienne qui regarde le Magreb. »

Ces renseignements ne sont pas les seuls qu'Ibn-Khaldoun se soit procurés. Il avait consulté à Honein le cheikh Ibn-Ouaçoul, ancien cadi de Kaokao; et ce qu'il apprit de sa bouche prouve qu'à cette époque il existait de fréquentes communications entre le nord et le centre de l'Afrique. Voici comment il s'exprime à ce sujet : « Le sultan Mença-Mouça entretenait des relations amicales avec le sultan mérinide, Abou'l-Hacen, et les deux monarques s'envoyaient des présents par l'entremise de leurs grands officiers. Le sultan magrebin fit même apprêter un choix des plus beaux produits de son royaume et confia à Ali-Ibn-Ghanem, émir des Mâkil, le soin de porter ce cadeau vraiment royal au sultan des noirs Une députation, composée des premiers personnages de l'empire, accompagna Ibn-Ghanem. La magnificence de cette offrande fut le sujet de toutes les conversations. Les successeurs de ces deux monarques héritèrent des mêmes sentiments de bienveillance mutuelle. (*Histoire des Berbères, tome 2, p. 114.*) »

Ibn-Batoutah, qui parcourut le Soudan vers le milieu du 8e siècle, décrit longuement les mœurs et les institutions des pays qu'il a vus : mais il nous laisse ignorer la date précise de leur conversion à l'islamisme. Ce qu'il raconte ne se rapporte guère qu'au temps où il voyageait. Je puis néanmoins tirer de sa relation un argument à l'appui de la thèse que j'essaie de développer; et cet argument, c'est l'éloge qu'il fait de plusieurs nègres savants, tels que le cadi de Melli (4), nommé Abd-Errahman.

Maintenant que nous voici arrivés à l'année 758 (de J.-C. 1357), c'est-à-dire à l'époque de la naissance du premier docteur soudanien dont parle le *Tekmilet-ed-dibadje*, j'exposerai, suivant l'ordre qui m'a semblé le plus rationnel, c'est-à-dire suivant l'ordre chronologique, les matériaux que m'a fournis Ahmed-Baba.

La traduction en a été faite sur deux manuscrits assez corrects, dont je dois la communication aux thaleb Hamouda-ben-Lefgoun et Moustapha-ben-Djelloul.

Notice biographique sur les Littérateurs du Soudan.

I. — Ahmed-ben-Ahmed-ben-Abderrahman, fils du doyen des docteurs de la province de Takrour, fut élève de l'imam Ibn-Merzouk le jeune. Il alla au Caire et y professa. On a de lui un abrégé du commentaire du *Djoumel*, ouvrage de son illustre maître. Il naquit en 758 (de J.-C. 1357) et il était encore vivant après l'année 830 (de J.-C. 1427).

II. — Abd-Allah-ben-Ahmed-ben-Saïd-ben-Yahia-ben-Moavïa-ben-el-Abbass, élève du cheikh El-Gouri, était de Zemora. Il alla à Oualaten, d'autres disent à Dehla, دهلى, qui est une ville du Takrour; mais après y avoir professé pendant quelque temps, il retourna dans son pays. Quoique nous n'ayons point de données suffisantes sur la date de sa naissance, nous savons qu'il vivait encore dans le courant de l'année 888 (de J.-C. 1483). Il aimait la littérature et s'occupait spécialement de philologie. On a de lui une notice biographique sur les docteurs dont il avait suivi les leçons. L'ouvrage auquel il doit une grande partie de sa renommée est le commentaire du *Chifa* du cadi Ayyadh, dans lequel il a intercalé l'analyse du texte.

III. — Abd-el-Aziz, le Takrourien, partit pour le pélerinage vers le milieu du 9e siècle, et rencontra en Orient l'imam Abou'l-Kâcem-En-Nowaïri. Lorsque Mohammed-Baghirou, notre cheikh, voulait vanter l'érudition d'Abd-el-Aziz, il disait qu'il avait cité aux docteurs du Caire, sans commettre la moindre erreur, les sources où Sidi-Khelil avait puisé la matière des questions qui sont traitées dans le *Mokhtaçar* ou Précis de jurisprudence malékite. Trois articles seulement avaient échappé à ses investigations. El-Hattâb lui a emprunté plusieurs explications qui figurent dans le *Mewâhèbe*.

Djelal-eddine Es-Soyouthi parle dans son *Mo'djéme* d'un traditionniste du Soudan, appelé Abd-el-Aziz, le Takrourien : mais je me crois autorisé à affirmer que ce n'est pas le même personnage.

IV. — Makloue-ben-Ali-ben-Salèh-El-Bilbali était profondément versé dans la science du droit, et savait par cœur les écritures saintes. On venait de tous les pays écouter ses leçons. Il n'avait, dit-on, commencé à s'instruire que dans un âge très avancé. Le premier de ses professeurs fut le vertueux Abd-Allah-ben-Omar-ben-Mohammed-Akit, frère de mon grand-père. Il étudia auprès de lui, dans la ville d'Oualaten, وَلاتن, la *Riçâla* d'Ibn-Abi-Zeid sur le droit. Les premiers succès de l'élève lui valurent de tels encouragements qu'ayant pris confiance en lui-même et résolu de compléter son instruction, il partit pour le Maroc, où il s'appliqua à écouter les leçons d'Ali-Ibn-Razi, qui professait dans la ville de Fez. Il acquit alors une grande réputation par son talent dans les sciences musulmanes et excita l'admiration de ses contemporains. Plus tard, il retourna au Soudan, s'arrêta à Kanou, à Kachène et dans d'autres centres de population où il fit des cours. Il eut des conférences sur différentes questions de droit avec le cheikh El-Akib-el-Ansamounni.

Arrivé dans sa patrie, il se livra à l'enseignement; mais les ressources intellectuelles du Maroc l'avaient trop séduit pour qu'il en perdît le souvenir. Il traversa de nouveau les sables du désert et alla professer dans la capitale où il avait reçu les premières leçons. Malheureusement, une main ennemie lui ayant versé du poison, il emporta la mort dans son sein et vint expirer à Tombouctou, vers l'an 940 (de J.-C. 1533).

V. — Ahmed-ben-Omar-ben-Mohammed-Akit-ben-Omar-ben-Ali-ben-Yahia, mon trisaïeul, naquit à Tombouctou; il était de la tribu des Sanhadjas (5). Comme il avait accompli les devoirs du pélerinage, on lui donnait le titre de *hadj*. Il était l'aîné de trois frères et le plus savant de la contrée. Non moins vertueux qu'érudit, il se conforma sans relâche aux préceptes de la *Sounna*. Plein d'amour pour le prophète Mohammed, il aimait à chanter ses louanges, et faisait ses délices de l'ouvrage du cadi Ayyadh, lequel est intitulé : *Guérison de l'âme ou description des qualités de l'Elu*, الشفا في خصايص المصطفي. On peut dire que sa vie tout entière fut consacrée à l'étude. Il était parvenu à acquérir une connaissance profonde de la grammaire, du style et de la métrique : mais, c'est surtout dans la science du droit qu'il excellait. Non seulement il composa plusieurs thèses intéressantes sur des sujets divers, mais encore il copia de sa main un assez grand nombre de livres. A sa mort, on trouva chez lui sept cents volumes.

Il eut entre autres professeurs, le père de sa mère et son

oncle maternel, le cheikh Mokhtar, qui était un grammairien estimé.

En 880 (de J.-C. 1475), Ahmed-ben-Omar se décida à faire le pélerinage. Lorsqu'il fut arrivé sur la terre sainte, il eut l'avantage de rencontrer Djelal-eddine-Es-Soyouthi et le seïd Khâled-El-Ouafaï-El-Azhari, que l'on considérait alors comme l'imam du Nahou « le coryphée de la grammaire arabe. »

A son retour de la Mecque, il trouva sa patrie bouleversée par la guerre de l'hérétique Sinï-Aâl.

Il se fixa dabord à Kafou, كَاغُو, puis dans d'autres villes du Soudan, où il professa avec le zèle qu'il avait déployé pour son instruction.

De tous les thâleb qui suivirent ses leçons, le plus remarquable sans contredit fut le fakih Mahmoud, auquel il avait expliqué la *Moudawwana* de Sahnoune (6) et d'autres traités de droit Maléki.

Il mourut un jeudi soir, dans le mois de rebi-t-tani de l'année 943 (de J.-C. 1536), à l'âge de 80 ans.

Le sultan du pays lui avait proposé les fonctions d'imam : mais il ne voulut point les accepter. Ce premier refus le conduisit naturellement à refuser tout autre emploi ; l'honneur de l'enseignement suffisait à son ambition.

Voici un des effets miraculeux de la sainteté du cheikh Ahmed-ben-Omar. Je le cite tel qu'il m'a été raconté. Etant à Médine, il demanda l'autorisation de visiter le tombeau du Prophète. Comme cette grâce ne lui avait point été accordée, il s'assit sur le seuil de la chapelle funèbre et se mit à réciter les litanies de l'élu de Dieu. Aussitôt la porte s'ouvrit d'elle-même et les assistants stupéfaits de ce prodige, s'humilièrent devant lui et lui baisèrent les mains.

VI. — Abd-Allah-ben-Omar-ben-Mohammed-Akit-ben-Omar-ben-Ali-ben-Mohammed naquit en 866 (de J.-C. 1461-1462). Il était frère de mon grand-père, et tirait son origine de la tribu des Meçoufites (7), fraction des Sanhadjas. Autant que son érudition, la pureté de ses mœurs, son désintéressement et sa dévotion ont contribué à faire passer son nom à la postérité. Il mourut en 929 (de J.-C. 1522) à Oualaten, où il avait professé pendant longtemps. Quelques fussent d'ailleurs les mérites de ce cheikh, il ne manqua jamais de rattacher à la crainte de Dieu ses pensées et ses actes. On raconte plusieurs faits extraordinaires qui dénotent que la grâce était descendue en lui, كراماته

VII. — Mohammed, fils d'Abd-el-Krime, et petit-fils de Mohammed El-Mrili, était de Tlemcen. Il joignit à une intelligence peu commune la passion de l'étude appliquée au dogme, et se distingua autant par sa piété que par son érudition. Ce qui est vraiment digne de remarque, c'est que les efforts de sa raison n'ont jamais atténué son respect, je dirai même son amour pour la *Sounna*, qui est la loi du Prophète, ni modifié en rien sa haine contre les infidèles. Pendant son séjour dans la circonscription de Touat, توات, (8) où l'autorité de sa parole lui avait acquis une influence énorme sur l'assemblée des notables, جماعة il provoqua la persécution des juifs. Bien plus, non content de les avoir réduits à l'avilissement en leur arrachant toute espèce de privilèges, il excita le peuple à les massacrer et à détruire leurs synagogues; mais Abd-Alla-El-Asnouni, alors cadi du chef-lieu de la république, désapprouva hautement ces violences, qui ne pouvaient se justifier que par un excès de fanatisme. Les oulémas de Fez, de Tunis et de Tlemcen furent consultés sur la question. Il y en eut deux qui donnèrent raison à El-Mrili. L'un d'eux, Mohammed ben Abd el Djelil, imam de Ténès, auquel nous devons l'histoire des Beni-Zian (9), rédigea un long mémoire sur la légitimité de l'intolérance; l'autre, qui est Mohammed-ben-Choaïb-es-Senouci (10), adressa au héros de Touat une épître commençant par ces mots : « Honneur à notre frère et ami Abou-abd-Allah-el-Mrili, le zélé docteur, qui dans ces temps de corruption a trouvé le courage de faire éclater sa foi au grand jour, en s'élevant contre les abus et en ramenant les esprits attiédis au sentiment de la vraie religion. Ce sera une gloire pour lui de s'être opposé avec tant d'énergie aux entreprises de la nation juive (que Dieu l'écrase de son mépris !), et d'avoir détruit la synagogue qu'elle avait osé bâtir sur une terre musulmane. Lui seul a eu la constance de tenir tête aux gens que les intérêts mondains rendent sourds à la voix du Prophète, اهل الاهوا, et de les déférer au tribunal des oulémas. Or, je le déclare ici, personne parmi eux n'a mieux compris l'esprit de la question que l'imam de Ténès, Mohammed-ben-abd-el-Djelil ; personne n'a montré plus d'indépendance dans la controverse ; personne, enfin, n'a puisé dans sa foi un mépris plus sincère des vaines considérations. »

Mohammed-ben-abd-el-Djelil et Senouci ne furent pas les seuls qui prirent part à cette querelle religieuse ; il y eut encore Mohammed-er-Rossa'a, mufti de Tunis, et deux autres docteurs de la même ville, qui sont le cadi Yahïa-ben-Abi-Barkat-el-Romari et Abd-Errahman-ben-Sobouc.

Dès que la décision de l'imam de Ténès fut remise, à Touat, entre les mains d'El-Mrili, celui-ci annonça le triomphe de son opinion à ses partisans, et leur ordonna de démolir la synagogue ; mais, ce qu'il faut déplorer ici, c'est que l'excès de son zèle l'entraîna à mettre à prix la vie des juifs, et à payer de sa bourse une prime de sept mitkals par tête, environ cent francs de notre monnaie.

Après cet horrible massacre, à l'occasion duquel il avait composé contre les juifs et leurs adhérents un chant qui commence par les louanges du Prophète, El-Mrili quitta Touat pour s'enfoncer dans le cœur du Soudan. Il parcourut successivement Tekra, تكرة, Kachène, كشن, et Kanou, كنو, Dans les deux premières villes, il enseigna publiquement la science du Koran; dans l'autre, il ouvrit un cours de jurisprudence. De là il passa à Karou ou Tchiarou كاغو, suivant la prononciation locale, et fut invité par El-hadj-Mohammed, qui en était le gouverneur, à rédiger une note sur différentes questions de droit. Il était depuis peu dans cette ville, lorsqu'on vint lui apprendre que son fils avait été assassiné par les juifs de Touat. Il repartit et mourut presque au moment de son arrivée. On a répandu le bruit qu'un juif ayant uriné sur sa tombe, fut frappé de cécité au même instant.

ويقال ان بعض اليهود بال على قبره فعمى مكانه

Au rapport de ses contemporains, El-Mrili était d'une nature hardie et entreprenante. Animé d'un zèle outré pour la doctrine du Koran, il employait son éloquence à fanatiser les populations ignorantes du désert; *et c'est peut-être à cette époque qu'il faut placer l'origine de cet esprit d'intolérance qui a fermé l'Afrique centrale aux bienfaits de la civilisation, en repoussant les races plus éclairées et plus industrieuses.*

Le prédicateur du Touat eut pour maître, le célèbre imam Abd-errahman-et-tsaalebi (11), dont les cendres reposent à Alger dans la mosquée de Bab-el-Oued, et pour élève, El-Aakib-el-Ansamani. Ses productions sont assez nombreuses. Voici le titre de celles qui sont parvenues à ma connaissance :

1° *Mesbah el-arouah fi ouçoul el flah* « la Lampe des âmes ou Explication des principes du bien », deux cahiers. Cet opuscule fut l'objet d'une critique sévère de la part de Senouci et d'Ibn-Razi.

2° *Mourni en-nebil fi charah mokhtaçar Khelil* « Manuel suffisant pour le thaleb intelligent, ou Commentaire du Précis de Sidi-Khelil. » Le texte y est expliqué mot par mot *(memzoudje* « amalgamé ») et d'une manière excessivement concise; mais, le livre ne va pas plus loin que le chapitre intitulé : *El-Kasm beïn ez-zaudjate* « Droits respectifs des femmes unies à un même mari. »

3° *Ihlil mourni en-nebil* « Commentaire du manuel suffisant pour le thaleb intelligent (*voy. le n° 2*). Ce travail, qui est une simple glose, resta inachevé.

4° Commentaire du Code des ventes à terme d'Ibn-el-hâdjeb, avec des explications tirées d'Ibn-abd-es-Selâme et de Sidi-Khelil.

5° *Talif fi'l-menciate* « Sur la manière de réparer l'omission des prières satisfactoires. »

6° Abrégé du *Talkhiss el-meftah* de Kazouini; figures de rhétorique, etc.

7° Commentaire de ce même abrégé.

8° *Meftah èn-nadhar fi eulm el-hadits* « La clef de l'examen ou Science des traditions mohammédiennes ». Dans ce livre, El-Mrili critique certains passages du *Takrib* d'En-Nawawi.

9° Commentaire du Traité de logique d'El-Khaunadji, intitulé : *El-Djoumel* « l'Ensemble. »

10° Prolégomènes de la logique.

11° La science des faits de l'intelligence humaine, de ses lois et des règles qui doivent en assurer l'exercice; petit poème en vers du mètre *redjez*.

12° Trois commentaires du poème précédent : le grand, le petit et le moyen.

13° *Tenbih el-râfeline ân makar el-lebsine bi-do'ua mekamat es-sa'arefine* « Avis aux gens de bonne foi, qui se laissent duper par les prétendus marabouts »; un seul cahier.

14° Préliminaires de la langne arabe.

15° *Kitab el-fath el-moubine* « le Livre des horoscopes »

16° Commentaire de l'introduction ou Précis de Sidi-Khelil (*jurispr.*)

17° *El-bedr el-mounir fi-euloum et-tefsir* « la Lune brillante, ou Exposition des connaissances nécessaires à l'interprétation du Koran. »

18° *El-mimïa*, poème à la louange de Mahomet. Tous les vers y sont rimés en *mim* (*m*) et affectés d'une voyelle brève, comme ceux du *Borda*.

19° Liste nominative des professeurs d'El-Mrili, avec de courtes notes biographiques.

20° Correspondance en vers et en prose avec Djelal-ed-dine-es-Soyouthi sur la science qui enseigne à raisonner. Ce dernier prétendait que le raisonnement est l'ennemi de la foi, et que la philosophie mène à contrôler la religion.

21° Fragment composé de notes sur le chapitre des ventes et quelques autres passages du Précis de Sidi-Khelil.

El-Mrili était né vers le 9e siècle de l'hégire.

VIII. — Mahmoud-ben-Omar-ben-Mohammed-Akit-ben-Omar-ben-Ali-ben-Yahïa était de la tribu berbère des Sanhadjas. Il naquit à Tombouctou en 868 (de J.-C. 1463). Le royaume de Takrour n'a possédé aucun docteur aussi pieux et en même temps aussi érudit. Il connaissait à fond la religion du prophète Mohammed, pour laquelle sa belle âme l'avait si bien préparé. Doué d'une nature calme et d'une intelligence qui n'eut d'égale que sa mémoire infaillible, il jouissait d'une grande considération. Mais c'est plutôt à sa science pour ainsi dire universelle, qu'à la pureté de ses mœurs et à la dignité de son caractère, qu'il dut la célébrité dont brillait son nom dans le monde musulman, شرقًا وغربًا وجنوبًا وشمالًا

Il avait une dévotion sincère et un désintéressement sans bornes. On voyait répandu dans toute sa personne ce je ne sais quoi qui commande le respect, et même l'obéissance.

C'est ainsi que bien des gens n'eurent jamais d'autre règle de conduite que les préceptes sortis de sa bouche.

Le roi du pays donnait l'exemple de la déférence pour le ckeikh Mahmoud. Mais les visites qu'on lui faisait dans le but d'obtenir une bénédiction, et les cadeaux considérables qu'on apportait dans sa maison, le trouvaient toujours cuirassé d'indifférence. Il recevait les visiteurs avec modestie; quant aux présents, il les offrait à d'autres personnes.

En 904 (de J. C. 1498), lorsqu'il eut l'honneur d'être promu à la dignité de cadi, son premier soin fut de réformer la justice en abolissant les abus et en faisant disparaître la corruption qui environnait les tribunaux. Alors surtout grandit sa renommée qui le posa comme un modèle d'équité aux yeux des vrais croyants. Cependant, les devoirs si pénibles de la magistrature furent incapables d'attiédir le dévouement du professeur. Mahmoud avait débuté par l'enseignement, il continua d'enseigner étant cadi. Et quel charme pour ceux qui écoutaient ses leçons! Quelle lucidité dans les explications! Quel guide sûr et facile que sa méthode! Un talent si accompli n'était-il point fait pour opérer une révolution dans les études? Mahmoud vivifia la science dans la région des nègres, et il instruisit une foule de jeunes gens qui, plus tard, se distinguèrent eux mêmes dans la carrière de la littérature.

Parmi les ouvrages qu'il expliquait à ses élèves, il convient de citer le *Moudawwana* de l'imam Sahnoun, la *Riçala* d'Ibn-abi-Zeïd, le *Mokhtaçar* ou Précis du jurisprudence de Sidi-Khelil, l'*Alfiia* ou *Elfiia* d'Ibn-Malek, qui est un résumé des règles de la grammaire arabe en mille vers, et la *Salaldjia*.

C'est au cheikh Mahmoud que revient l'honneur d'avoir inauguré, dans le Soudan, la lecture du Précis de Sidi-Khelil, inconnu avant lui. Il sut éclaircir le langage presque énigmatique de ce code par une série de notes et d'observations improvisées, qui ont été recueillies par un de ses élèves dont le nom n'est point arrivé jusqu'à nous. L'ensemble de ses extraits forme un ouvrage en deux volumes.

Vers l'année 915 (de J-.C. 1509), il fit le pélerinage de l'Orient. Pendant son séjour en terre sainte, il se mit en relation avec plusieurs savants, tels que Zakaria, Ibrahim-el-Mokdici et Kalkachandi, qui avaient vécu tous trois dans l'intimité d'Ibn-el-Hadjar. Il y connut aussi les deux frères Chems-eddine-el-Lakkani et Nacir-eddine-el-Lakkani. De retour à Tombouctou, il reprit ses fonctions de magistrat, et ne négligea pas un seul instant l'occasion de servir ses semblables. Sa vie fut longue, en même temps elle fut utile.

Il vécut quatre-vingt sept ans et professa pendant une cinquantaine d'années; ce qui lui procura l'avantage de former deux générations de savants. Je répète ici ce que j'ai dit plus haut : Mahmoud fut le marabout le plus vénéré du Takrour. Il mourut en l'année 955 (de J.-C. 1548). C'est auprès de lui que mon père fit une partie de ses études, en même temps que les fils du cheikh, Mohammed, El-Aakib et Omar, qui, tous les trois, ont exercé les fonctions de cadi en Nigritie.

IX. — Abd-Errahman-ben-Ali-ben-Ahmed était né à Kasr, قصر, bourg voisin de Ceuta, en l'année 870 (de J.-C. 1465): mais il demeura à Fez pendant la première partie de sa vie. Le nom sous lequel il est le plus généralement connu est celui de Safiane, suivant un de mes manuscrits, et de Bou-Seïfeïne, suivant l'autre. Ibn-Mendjour, auquel j'emprunte les détails suivants, le range parmi les meilleurs élèves d'Ibn-Râzi et d'Ahmed-Zerrouk. Il connaissait, dit-il, le droit, les hadis et la chaîne des traditionnistes. En 909 (de J.-C. 1503), il se rendit en Orient, et se perfectionna en entendant Kalkachandi professer la science des écritures sacrées. Il devint l'égal de ses maîtres, et l'on peut affirmer que la cité de Fez n'avait jamais produit un savant plus versé dans l'histoire du Prophète.

Abd-Errahman alla au Soudan, visita Kanou et plusieurs

autres villes où il jouit d'une hospitalité magnifique ; car, outre les honneurs dont il fut comblé et les sommes considérables qui lui furent données, il reçut en cadeau près de cent jeunes négresses, dont il prit les faveurs. Cet lui-même qui le confesse dans sa biographie : وذكر عن نفسه انه افتضّ هناك قريبًا من مائة جارية ممّا يُهدى له

De retour à Fez, il remplit les fonctions de prédicateur à la mosquée des Andaloux ; puis il succéda au petit-fils d'El-Rouri ou El-Gouri dans la dignité de mufti, qu'il ne sut pas conserver. Après sa révocation, la carrière de l'enseignement devint son refuge. Il expliqua successivement dans son cours le *Eumda*, le *Mouvvatta*, l'interprétation du Koran et les six principaux ouvrages où sont recueillis les actions et les préceptes de Mahomet, c'est-à-dire les ouvrages de Bokhari, de Moslim, de Naçaï, de Termidi, d'Ibn-Madjah et d'Abou-Daoud.

On a de lui quelques extraits des livres de hadis et des traités de littérature, qui ne sont pas sans intérêt. L'universalité de ses connaissances lui permit de toucher aux différentes branches de la science et il s'exerça à écrire sur la médecine, la littérature et la grammaire proprement dite.

Telle était l'humilité de son cœur, que, lors des cérémonies publiques, il se mêlait au cortège des grands, monté sur un âne.

Il mourut dans les premiers jours de l'année 956 (de J.-C. 1549), à l'âge de 86 ans. Parmi ses élèves, figure le cheikh El-Yestini.

Abd-Errahman blâmait hautement les musulmans qui faisaient de la *fatiha* une oraison particulière ; il prétendait que c'était une innovation dans la liturgie. En effet, s'il faut en croire Ahmed Zerrouk, l'usage de réciter la *fatiha* en toute circonstance nous est venu du Hidjaz, de l'Yémen et de l'Égypte : mais cet usage n'est nullement autorisé par l'exemple du Prophète. Seulement, je ferai remarquer qu'El-Razali et Soyouthi se sont prononcés pour l'opinion contraire. Le premier dit que pour implorer Dieu il faut réciter la première sourate du Koran, et il ajoute que la Bible et l'Évangile ne renferment aucun chapitre d'une efficacité aussi merveilleuse. Le second appuie son assertion sur un passage du *Tsouab* de l'imam Atha-Allah, ainsi conçu : « Mahomet a dit aux vrais croyants : Voulez-vous obtenir la réalisation de vos vœux, prononcez la fatiha tout entière. »

X. — MOHAMMED-BEN-AHMED-BEN-ABI-MOHAMMED-ET-TEKRATI reçut le surnom de Aïda-Ahmed. Dans le dialecte de son pays, le mot *aïda*, أايد, signifie *aberkâne* ابركان, c'est-à-dire *fils* (12). — Il possédait une vaste intelligence et le don de la mémoire. Instruit dans toutes les parties de la science, il excellait dans la connaissance du droit et des hadis, et n'était point ennemi de la controverse. Ses études furent dirigées à Tekra (13), qui était sa patrie, par son grand-père, le fakih El-Hadj-Ahmed-ben-Omar et par son oncle maternel Ali. C'est dans cette ville qu'il vit l'imam El-Mrili et assista à ses leçons. Lorsqu'il partit pour l'Orient, il accompagnait notre honorable professeur Mahmoud. Là, florissaient des hommes d'un talent supérieur, tels que Borhan-Eddine-El-Kalkachandi, Borhan-Eddine-Ibn-Abi-Chérif, Abd-El-Hakk-Es-Sonbâthi, Zakaria, le pontife de l'islamisme et les deux Lakkâni. Il consacra tout son temps à entendre de leur bouche l'explication des préceptes de Mahomet et des exemples qu'il a donnés au monde. Ainsi se forma à l'école des grands maîtres son érudition en matière de hadis. Pendant son séjour à la Mecque, des diplômes de licence lui furent délivrés par Abou'l-Barakat-En-Novaïri, cousin du précédent, Abou-Taïeb-El-Bousti et Ali-Ben-Nâcer, qui était né dans la province du Hidjaz.

Après avoir accompli le pélerinage, il rentra au Soudan et se fixa à Kachène, dont le Gouverneur le traita avec une considération toute particulière et le nomma cadi. Il mourut en 936 (de J.-C. 1529), à l'âge de soixante et quelques années. On a de lui des notes et des observations sur le Précis de Sidi-Khelil.

XI. — El-Aakib-ben-Abd-Allah-El-Ansamouni, le Messoufite, était né à Tekra, ville bâtie sur les frontières du Soudan, par la tribu berbère des Sanhadjas, et suivant la prononciation égyptienne *Senhagas*, d'où vient le mot Sénégal. A un esprit vif et pénétrant, à une imagination active il joignit le goût de la science et s'en occupait sans relâche. On admirait sa facilité à s'exprimer. Il composa quelques traités de jurisprudence dont voici la liste :

1° L'appendice au *Mokhtaçar*, dans lequel on remarque une note relative au chapitre du *serment*. C'est un travail excellent, qui ne m'a pas moins servi que d'autres commentaires, pour la rédaction du volume que j'intitule : *Tenbih el-ouâkif âla tahrir Khassasel niêt el-halif.*

2° *Oudjoub el-djemaa bi-Kariêt Ansamoun;* thèse où il démontre d'une manière triomphante que la prière solennelle du vendredi peut être célébrée dans la petite ville d'Ansamoun. D'autres docteurs avaient prétendu le contraire.

3° *El-djouab el-meldjoub ân acilet el-Kadi Mohammed-ben-Mahmoud*, réponse énergique aux questions posées par le cadi Mohammed-ben-Mahmoud.

4° *Adjoubet el-fakir ân acilet el-émir*, réponse de l'humble serviteur au souverain. L'émir Aska-el-Hadj lui avait demandé la solution de plusieurs questions de droit et de religion.

El-Aakib-el-Ansamouni fut l'élève d'El-Mrili ; il suivit aussi les leçons de Djelal-eddine-es-Soyouthi, au Caire. Il eût plusieurs thèses à soutenir contre le hafiz Maklouf-el-Bilbali. La date de sa mort est fixée après l'année 950 (de J.-C. 1543.)

XII. — Mohammed-ben-Mahmoud-ben-Omar-ben-Mohammed-Akit-ben-Omar-ben-Ali-ben-Yahia appartient à la tribu des Sanhadjas. Il succéda à son père dans les fonctions de cadi de Tombouctou. Loin d'être enivré par les honneurs et la richesse, il conserva au milieu de tous ces avantages la pureté de ses vues et mourut sans reproches l'an 709 (de J.-C. 1313). On a de lui un commentaire de la *Manzhouma* d'El-Mrili ou Traité de logique en vers. Mon père étudia auprès de lui la rhétorique et l'art de raisonner.

XIII. — El-Aakib-ben-Mohammed-ben-Mahmoud-ben-Omar-ben-Mohammed-Akit-ben-Omar-ben-Ali-ben-Yahia, issu de la même tribu que le précédent, naquit en 913 (de J.-C. de 1508) à Tombouctou, où la droiture de son caractère ne contribua pas moins que son érudition à lui faire décerner la charge de cadi. Il y avait en lui un mélange de fermeté et d'indépendance qui le mettait au-dessus de tous les préjugés. Devant le sultan, il émettait ses opinions avec la même franchise que s'il eût parlé devant la population. Quoique cette façon d'agir ne laissât pas de lui attirer de nombreux désagréments, il jouissait d'une grande considération, et le respect qu'on avait pour lui allait jusqu'à la vénération. Dès qu'il remarquait dans la conduite du chef du pays un acte réprouvé par la loi du Prophète, il offrait sa démission et s'enfermait chez lui, اذا رءا ما يكره عزل نفسه وسدّ بابه. On venait alors le trouver, on cherchait à l'apaiser, et quand il ne pouvait plus faire autrement que de céder aux prières, il reprenait ses fonctions. Les scènes de ce genre se reproduisirent plusieurs fois. Ceux qui ont connu El-Aakib-ben-Mohammed, le considèrent comme un devin ; ils affirment non seulement qu'il possédait la faculté de lire dans les secrets de l'avenir, mais que jamais sa science ne fut en défaut لا تخطي فراسته

Il possédait une fortune qui approchait de l'opulence ; et ce qui ne laissait pas de lui faire honneur, c'est que la délicatesse de ses sentiments lui gagna l'estime générale.

A Tombouctou, il eut pour professeurs son père et son

oncle maternel. Lorsqu'il se rendit en Orient dans le but d'accomplir les devoirs du pélerinage, il s'arrêta au Caire, où Nacir-eddine-el-Lakkani lui délivra un diplôme général pour l'enseignement. Il y fit aussi connaissance avec les cheikhs El-Biskri et Aboul-Hassan-el-Bekri.

C'est au docteur El-Aakib-ben-Mohammed que je dois un des diplômes (idjaza) qui m'ont été accordés à la fin de mes études. Sa mort eut lieu au mois de redjeb, l'an 991 (de J.-C. 1583.)

XIV. — Ahmed-ben-Mohammed-ben-Saïd, né à Tombouctou en 931 (de J.-C. 1524), est le petit-fils du docteur Mahmoud-ben-Omar dont j'ai donné plus haut la biographie. Il avait fait ses premières études auprès de son grand-père, et lu avec lui le *Précis* de Sidi-Khelil et la *Riçâla* d'Ibn-Abou-Zeid. Les difficultés de la *Moudawwana* lui furent expliquées par un autre professeur. Il commença à enseigner le Code musulman en l'année 960 (de J.-C. 1553). Beaucoup de thaleb se formèrent à ses leçons; on cite parmi eux le cheikh Mahmoud ainsi que son frère Ahmed. Il a laissé une paraphrase du *Mokhtaçar* qui n'est pas sans valeur.

Il mourut dans le mois de moharrem de l'année 976 (de J.-C. 1568). Je l'ai connu dans ma jeunesse et j'ai même assisté à ses cours. (C'est Ahmed-Baba qui parle).

XV. — Ahmed-ben-Ahmed-ben-Omar-ben-Mohammed-Akit-ben-Omar-ben-Ali-ben-Yahia est le célèbre jurisconsulte auquel je dois le jour. Issu lui-même d'une famille de lettrés, il était né dans le pays des nègres, au commencement de moharrem, l'an 929 (de J.-C. 1522). Son érudition, qui avait pour mobile une grande pénétration et une mémoire solide, lui assigna une place distinguée parmi les docteurs du temps. Épris d'un amour inépuisable pour les différentes sciences que cultivent les musulmans, il avait fait une étude approfondie de la théologie, de la logique et de la diction. S'il jouissait de la popularité, qui est le prix de la bienveillance, il avait en même temps la satisfaction de voir ses remontrances, sévères quelquefois, prises en considération par les gens de toute classe, et même par les princes du pays. Tel était en effet l'ascendant de sa vertu, que, non seulement on aimait à se conformer à ses avis, mais que souvent on venait le visiter dans sa demeure.

Un jour qu'il se rendait à Karou, il fut atteint d'une grave maladie. Achekar-Daoud, qui était le sultan de la province, pour rendre hommage à son mérite et à sa piété, allait tous les soirs passer plusieurs heures auprès de son lit de douleur, et il ne mit fin à ses assiduités, que lorsque la santé de mon père fut complétement rétablie.

On n'aurait qu'une idée imparfaite de son caractère, si je ne disais pas combien il fut sage dans sa conduite, juste envers tout le monde, et facile à oublier les injures. C'était peu que d'être né avec des qualités aussi rares; il en rehaussait l'éclat par une humilité exemplaire.

Ahmed-ben-Ahmed recherchait les livres avec une sorte de passion : aussi était-il parvenu à former une collection précieuse d'ouvrages de science et de littérature. Il n'hésitait jamais à les communiquer.

Son disciple le plus remarquable fut Mahmoud-ben-Omar, de pieuse mémoire, بركة العصر

Dans le courant de l'année 956 (de J.-C. 1549), il partit pour l'Orient et s'acquitta des devoirs du pélerinage. Son séjour dans les deux villes saintes lui fut d'autant plus avantageux qu'il lui procura l'occasion de connaître Amin-Eddine-el-Mimouni, Ibn-Hadjar, El-Melali, Abd-el-Aziz-el-Mathari, Es-Sekraoui, et Abd-el-Kader-el-Fakihi. Au Caire, il entra en relation avec les docteurs Nour-Eddine-el-Lakkâni, Et-Tadjouri, Ali-el-Adjhouri, El-Djemal, fils du cheikh Zakaria et Chérif-Youçouf, qui avait été l'élève de Soyouthi. Ce fut pour lui un moyen d'enrichir le domaine de son érudition. Mais les instincts de son âme l'entraînèrent plus particulièrement à cultiver l'amitié de Mohammed-el-Bekri, personnage d'une piété édifiante. Initié par lui à la doctrine des Soufis, il écrivit sous sa dictée des litanies et des oraisons d'une efficacité reconnue.

Les ouvrages qu'on a de lui, sont :

1° Un excellent commentaire de la *Logique en vers* d'El-Mrili (*voir le Journal asiatique, n° d'octobre-novembre 1855*).

2° Des annotations au *Commentaire du Précis de jurisprudence* par Et-Tataï, annotations dans lesquelles il relève les erreurs de ce dernier.

3° Glose de quelques passages du texte de Sidi-Khelil (*Mokhtaçar*).

4° Commentaire du poème d'El-Korthôbi sur les devoirs du vrai croyant, *El-Korthôbïa*.

5° Développement de plusieurs passages de la *Sogra* de Senouci. — La *Sogra*, est un livre qui comprend les articles de la foi musulmane. L'auteur lui-même prétend qu'il peut dispenser de la lecture de tous les traités écrits sur la matière. Un marabout, dont l'histoire ne donne pas le nom, disait qu'ayant été transporté en rêve dans le paradis, il y avait vu Abraham, l'ami de Dieu, enseignant aux enfants la *Sogra*, et la leur faisant copier sur des planchettes. C'est encore aujourd'hui l'ouvrage qui sert de base à l'enseignement de l'unitéisme dans la médarsa de Sidil-Kettany, à Constantine.

6° Observations sur le *Djoumel* d'El-Khaunadji, lequel est le compendium des principes de l'islamisme.

7° Commentaire des strophes d'El-Fazari en l'honneur de Mahomet; ce poème est devenu populaire sous le nom d'El-Mokhmiçât el-âcheriniât, المخمسات العشرينيات.

Mais la plupart de ces compositions demeurèrent inachevées.

Mon père lut en public les deux *Sahih* ou recueils authentiques des actes du Prophète, celui de Bokhari et celui de Moslim. Cet enseignement dura plus de vingt ans : mais il n'avait lieu chaque année que pendant les mois de redjeb, de chaaban et ramadhan. Un jour qu'il expliquait aux fidèles le *Sahih* de Moslim, on crut s'apercevoir que sa langue commençait à être paralysée. Mohammed-Bariron lui ayant représenté qu'il n'était pas prudent de continuer, la séance fut levée. Deux jours après, Ahmed-ben-Ahmed rendit le dernier soupir : on était en 991 (de J.-C. 1583).

XVI. Abou-Bekr-ben-Ahmed-ben-Omar-ben-Mohammed-ben-Akit, était le frère de mon père ; il naquit à Tombouctou en l'année 932 (de J.-C. 1525-1526) d'une famille honorable. Sa conduite, qui offrait un mélange incomparable de bonne foi, de simplicité et de dévotion, lui avait mérité le respect et même la vénération de ses contemporains. L'aumône lui semblait un devoir si essentiel, que, pour s'en acquitter dignement il retranchait le superflu ne se réservant rigoureusement que le nécessaire. La pratique des bonnes œuvres était comme le mobile de sa nature. Quoique sa physionomie respirât la douceur, il savait au besoin adresser des remontrances aux hommes qui s'écartaient de la voie droite.

Les plaisirs du monde n'avaient pour son âme aucun attrait. Sévère à lui-même comme il l'était aux autres, il ne se lassait ni du jeûne, ni de la prière, et trouvait son bonheur dans les rigueurs de l'ascétisme. Ceux qui ne connaissaient point le cheikh Abou-Bekr, auraient pu prendre son excessive dévotion pour du fanatisme, شديد الدين.

Il fit le pèlerinage dans un âge avancé ; mais le séjour de la terre sacrée communiqua à ses sentiments religieux une exaltation telle qu'il ne voulut plus avoir d'autre patrie. En effet, il revint à Tombouctou pour prendre sa famille, et se réfugia à Médine où il termina ses jours en 991 (de J.-C. 1583).

Abou-Bekr fut mon premier maître de grammaire et de

rhétorique. Les livres qu'il a écrits sur la doctrine du soufisme, علم التصوف ne sont pas les seuls qu'il ait légués à la postérité.

XVII. — MOHAMMED, fils d'ABOU-BEKR, était né à Ounkra, ونكرة, mais il habita Tombouctou pendant la plus grande partie de son existence; il portait le nom de Barirou, بغيغ. Quelques-uns des manuscrits que j'ai vus l'appellent Bariou'ou avec un *aïn* à la fin. C'était un jurisconsulte habile dans toutes les branches du droit, juste et craignant Dieu. Il était du nombre de ces pieux croyants dont la vertu égale la science, bienfaisant par instinct, rempli de bonnes intentions. Doué d'un cœur pur et innocent, il aimait à supposer que tous les hommes sont bons. A ses yeux, tous semblaient égaux, tant il en jugeait bien, tant il lui était difficile de croire au mal. Plein d'empressement à rendre service, il se sacrifiait pour le bien du prochain, et souffrait des peines d'autrui. Il s'appliquait à rétablir la paix parmi les hommes, les exhortait sans cesse à l'amour de la science et au dévouement qu'il faut pour la répandre. Toute sa vie fut consacrée à l'enseignement. Il aimait les amis de la science, et leur témoignait toute espèce d'égards; il leur partageait avec libéralité ce qu'il avait de plus précieux en fait de manuscrits, et jamais dans la suite il ne les réclamait, quelque rares qu'ils fussent. Il leur prodigua de cette manière sa bibliothèque tout entière (que Dieu lui en sache gré!). Lorsqu'un étudiant venait à sa porte demander un livre, jamais il ne lui donnait un refus, bien que souvent cet homme lui fût inconnu. Et ce qu'il y a de plus étonnant dans cette munificence, dont il n'attendait sa récompense que du ciel, c'est qu'il était passionné pour les livres, et qu'il faisait beaucoup de frais pour en acheter ou en obtenir des copies. Un jour, il m'en souvient, je vins à lui pour lui demander des livres de rhétorique, il chercha aussitôt dans sa bibliothèque et me remit indistinctement tous les ouvrages sur la matière que sa main put rencontrer.

Quant à sa prodigieuse patience à enseigner pendant la journée entière, même aux intelligences les plus rétives, sans dédain comme sans ennui, elle allait jusqu'à faire souffrir les auditeurs de son excès de bonté. Lui, au contraire, il demeurait impassible, à tel point que j'ai entendu dire à l'un de mes condisciples : « Je crois que ce docteur à bu de l'eau du puits de Zemzem (14), pour ne point se lasser ainsi d'enseigner. » Sa patience était d'autant plus faite pour émerveiller, qu'elle était unie à une piété exemplaire et à l'amour de la retraite. Il ne pensait qu'à faire du bien aux hommes, même les plus pervers, n'ayant en vue que leur utilité, et s'éloignant de toute occupation frivole. La modestie l'avait revêtu de son manteau précieux ; il s'avançait environné de toutes les lumières de la vertu, plein de calme, d'affabilité et d'une pudeur que rehaussait la plus exquise délicatesse. Tous les cœurs éprouvaient pour Mohammed-Barirou une vive sympathie ; toute langue célébrait ses louanges, et tout ce qui l'entourait ne songeait qu'à le bénir. Son âme vraiment grande ne dédaignait point d'enseigner les commençants ; il y consuma sa vie entière, occupé également à rendre service et à rétablir la concorde parmi les hommes. Nul autre n'a pu le remplacer et personne ne lui a été semblable.

Le sultan de Tombouctou ayant voulu lui conférer la charge de cadi dans sa ville capitale, il répondit par un refus, alléguant qu'il y avait dans le pays d'autres savants plus dignes que lui ; il fit même toutes sortes de démarches pour décliner un honneur auquel il voulait échapper.

C'est surtout après la mort d'Ahmed-ben-Saïd, qu'il s'appliqua à l'enseignement. Tel fut dès-lors l'emploi de sa journée (j'en parle en témoin) : dès les premières heures du jour, il se mettait à professer, et faisait de suite plusieurs cours différents jusqu'à dix heures du matin; alors il se rendait chez lui pour s'acquitter de la prière. Après l'avoir achevée, il entrait chez le cadi pour les affaires de ses clients, ou bien il jugeait à l'amiable entre les parties. Ensuite, après la prière de midi, qu'il récitait en public, il professait jusqu'à trois heures dans sa propre maison, faisait la prière de l'*asr*, et sortait pour aller enseigner dans un autre local jusqu'aux dernières heures du crépuscule; et, après le coucher du soleil, il terminait la journée à la mosquée par une autre leçon. C'est à neuf heures seulement qu'il retournait chez lui. De plus, je ne crains pas d'affirmer qu'il a toujours passé en prières la dernière veille de la nuit.

Mohammed-Barirou était un homme rempli d'intelligence, de pénétration et de lucidité dans les idées, pouvant s'élever aux plus grandes choses, comme descendre aux plus petits détails; prompt à la répartie, alerte à saisir le sens des paroles; d'un coup-d'œil sûr, d'une discrétion à toute épreuve et ayant des manières pleines de dignité. Parfois, cependant, il aimait à plaisanter et à dilater son cœur dans la conversation. Du reste, vraie merveille de Dieu pour la vivacité de la conception et l'étendue de l'esprit, sa réputation s'est établie par toute la contrée.

Il eut d'abord pour professeurs de grammaire arabe et de jurisprudence musulmane son père et son oncle, qui étaient deux docteurs fameux. Plus tard, il s'établit avec son frère germain Ahmed à Tombouctou, où ils suivirent les cours d'Ahmed-ben-Saïd sur le *Mokhtaçar* de Sidi-Khelil. De Tombouctou ils partirent pour le pélerinage, en compagnie de leur oncle; et c'est alors qu'ils connurent En-Nacer-el-Lakkani, Et-Tadjouri, le chérif Youssouf-el-Asmiouni, l'imam Mohammed-el-Bekri, le docteur hanéfi Berhamtouchi et d'autres savants de l'époque; ce qui ne contribua pas médiocrement au développement de leur érudition. Après avoir accompli les cérémonies du pélerinage et vu mourir leur oncle en Orient, ils vinrent à Tombouctou continuer leurs études auprès de mon père Ibn-Mohammed-Akit et de leur ancien maître Ahmed-ben-Saïd. Le premier les initia à la logique et à cette partie de la rhétorique qu'on appelle *figures de mots;* il les guida dans la lecture du *Telkhiss el-meftah* ou abrégé de l'introduction à l'éloquence, par El-Kazouini, et les aida à comprendre les principes du droit par Es-Sebki, l'Égyptien. Avec Ahmed-ben-Saïd ils expliquèrent la *Moudavvwana* de Sahnoun, qui est un recueil complet des institutions islamiques; le *Mouvvalta*, dans lequel Malek a resserré les résultats de ses recherches, de ses études et de ses réflexions sur le droit, et le Précis de jurisprudence que nous devons à Sidi-Khelil.

Dès lors, Barirou se fit le disciple le plus assidu de mon père; c'est sous sa direction et en sa présence que, pour mettre le sceau à ses études et devenir un professeur accompli, il lut avec lui le *Djoumel* d'El-Khaunadji, qui est en quelque sorte le compendium de la philosophie musulmane.

J'éprouvais pour le docteur Mohammed-Barirou une véritable admiration; et ce qui le prouve suffisamment, c'est que pendant dix années je n'ai cessé d'assister à ses leçons, où nous lûmes presque en entier, mes condisciples et moi, les ouvrages suivants qui formaient à cette époque le programme des études classiques :

1° Le *Mokhtaçar* de Sidi-Khelil.

2° Le *Movvalta* ou applanissement des difficultés du droit musulman, par le docteur Malek, chef de la secte Malékite.

3° Le *Teshîl fi'l-nahou* ou traité méthodique de la grammaire arabe par Ibn-Malek.

4° Les *Ouçoul* ou principes du droit musulman, par Es-Sebki, avec le commentaire d'El-Mahalli.

5° L'*Alfiia* d'El-Iraki ou sciences des traditions mohammediennes, avec un commentaire de l'auteur.

6° Le *Telkhiss el-meftah* (voir plus haut), avec l'abrégé de Saad-Eddine-et-Taftazani.

7° La *Sogra* d'Es-Senouci sur les articles de la foi musulmane.

8° Le Commentaire de la *Djeziria* ou Traité de l'Unitéisme, par Es-Senouci.

9° Les *Hikâme* ou règles de l'ascétisme, تصوّف, par Ibn-Atha-Allah, avec le commentaire composé par Zerrouk.

10° Le poème d'Abou-Mokra sur la constitution du ciel et le mouvement des astres.

11° La *Hachemïa*, poème technique sur l'astrologie judiciaire, تنجيم, avec les prolègomènes de Tadjouri.

12° Le *Teuhfet el-hakkâme* d'Ibn-Aacème, le Grenadin, avec le commentaire écrit par son fils.

13° Les *Forouc* d'Ibn-el-Hâdjeb ou éclaircissements sur les différentes branches de la loi musulmane.

14° Le *Thaudih* ou commentaire de l'ouvrage précédent, par Sidi-Khelil.

15° Le *Mountaka* d'El-Badji, sur le droit et les hadis.

16° Le Commentaire de la *Moudawwana* de Sahanoun par Abou'l-Hassan-ez-Zerouili.

17° Le *Chifa* du cadi Ayyadh ou définition des devoirs du vrai croyant envers Mahomet.

18° Le Recueil véridique des traditions mohammediennes par El-Bokrari, ainsi que le *Sahih* de Moslime sur la même matière.

19° Le *Madkhral* ou introduction à la Sounna par Ibn-el-Hadj.

20° la *Riçâla* d'Ibn-abi-Zeïd.

21° L'*Alfiia* d'Ibn-Malek, qui est un résumé en vers des règles de la grammaire arabe (ألف *mille* vers.)

22° La Logique d'El-Mrili, en vers du mètre redjez.

23° La Métrique arabe par El-Khazradji, généralement connue

sous le titre d'*El-Khazradjia*, avec le commentaire de Chérif-es-Sebti (de Ceuta.)

24° Le Koran sacré avec l'interprétation.

Mais le livre fondamental de notre secte, le Précis de Sidi-Khelil, fut l'objet d'un travail plus approfondi ; nous en finîes la lecture et l'analyse peut-être dix fois. Nous restâmes trois ans sur l'explication du *Teshil* d'Ibn-Malek, afin d'acquérir une connaissance parfaite des subtilités de la grammaire arabe.

Nous eûmes aussi l'avantage de voir deux fois la rhétorique de Teftazâni, qui est d'une concision parfaite.

Enfin, pour abréger cette notice, Mohammed-Barirou fut mon guide et mon précepteur dans la carrière des lettres, et nul autre, j'ai le droit de le dire, ne m'a été aussi utile que lui. C'est sa main qui a signé mon diplôme de licence, اجازة pour que je pusse enseigner non seulement ce qu'il m'avait appris, mais encore ce que j'avais recueilli de la bouche des autres professeurs.

Un jour que je lui demandais son avis sur quelques-unes de mes compositions, il en parut charmé et les approuva de sa main. Bien plus, il daigna emprunter plusieurs remarques à mes écrits, soit dans ses propres œuvres, soit de vive voix au milieu de son cours, tant il était équitable, modeste et disposé à adopter la vérité partout où elle se manifestait.

Nous étions ensemble le jour de la prise de Tombouctou par l'armée marocaine ; c'est alors que je le vis pour la dernière fois. J'ai su plus tard qu'il était mort un vendredi de l'année 1002 (de J.-C. 1593-1594). Sa naissance datait de l'an 930 (de J.-C. 1523-1524). On lui doit des notes additionnelles et des gloses marginales dans lesquelles il relève les passages qui avaient échappé aux commentateurs de Sidi-Khelil et aux autres jurisconsultes. Il s'est appliqué à corriger les fautes et les négligences soit de copie, soit de style, qui se rencontrent dans le grand commentaire de Tataï. Ce travail si remarquable par son utilité, a été réuni par moi en un seul volume.

XVII. — Ahmed-Baba, le Tombouctien. — Nous avons plusieurs biographies de lui ; les plus connues sont celles que nous a transmises son élève Abou-Abd-Allah-ben-Yakoub-el-Merrâkechi, et la notice qu'il a écrite sur lui-même à la fin du *Tekmilet-el-dibadje*. A l'aide de ces documents il me sera facile de mettre en lumière la vie et le caractère d'un nègre qui ne doit pas moins sa célébrité à ses écrits qu'à ses malheurs.

Ahmed-Baba descendait d'une famille de savants. Son père, son oncle, son grand-père, ainsi que plusieurs de ses ancêtres, avaient rempli les fonctions d'imam, de cadi, de muphti et de professeur dans la capitale du Soudan. On lit dans le *Tekmilet-ed-dibadje*, fol. 180 rect. : « l'auteur de ce Recueil biographique est Ahmed-ben-Ahmed-ben-Ahmed-ben-Omar-ben-Mohammed-Akit-ben-Omar-ben-Ali-ben-Yahïa-ben-Koudalata-ben-Bekr-ben-Nik-ben-Lak-ben-Iahïa-ben-Tachta-ben-Tabkar-ben-Hirân-ben-el-Badjard-ben-Onçar-ben-Abou-Bekr-ben-Omar-el-Larneci, احمد بن احمد بن احمد بن عُمر بن محمد افيت بن عمر بن علي بن يحيى بن كُدالة بن بكر بن نيف بن لَك بن يحيى بن تَشْت بن تَبْكر بن حيران بن البَجرد بن انصر بن ابي بكر بن عمر الكّرنسي. »

Berbère d'origine, puisqu'il appartient à la tribu des Sanhadjas, qu'Ibn-Khaldoun désigne comme une des sept branches de la grande famille des Béranis, il naquit dans le village d'Arawan, اراوان, au N.-O. de Tombouctou, le 21 du mois de dhoul-hidja, à la fin de l'année 963 (de J.-C. 1556). C'est du moins ce qu'il affirme, contrairement à l'usage de ses coreligionnaires, en disant qu'il a vu la date de sa naissance écrite de la main de son père.

En l'an 1002 (de J.-C. 1593), Ahmed, sultan du Maroc, ayant envoyé le général Mahmoud-Zergoun, زرقون, à la tête d'une armée, pour soumettre la Nigritie, celui-ci s'empara de Tombouctou et y fit reconnaître la souveraineté de son maître. Le cheikh Ahmed-Baba, alors âgé de trente-neuf ans, était l'homme le plus instruit du pays. Il demanda à ses concitoyens quel était le monarque auquel ils venaient de jurer soumission. — C'est, lui répondirent-ils, le sultan du Maroc. — Je ne connais point d'autre souverain en Occident que le roi de Tunis, répliqua Ahmed-Baba.

On voit, remarque à ce sujet Ibn-Abi-Dinar, que ce savant avait des notions exactes sur Tunis et son histoire, quoiqu'il dépendît plutôt du Maroc que de la Tunisie (15).

Quoiqu'il en soit, Ahmed-Baba fut cruellement éprouvé par Dieu dans cette circonstance, أُمْتُحِنَ : car il eut la douleur de se voir transporter, les fers aux pieds, avec une partie de sa famille, dans la ville de Merrâkeche, le premier jour du ramadhan Ce ne fut que quatre ans plus tard, un dimanche, vingt-sixième jour du mois de ramadhan, qu'il lui fut permis de voir tomber ses chaînes. Au rapport d'Ibn-Yakoub-el-Merrâkechi, la joie que fit éclater sa délivrance dans le cœur des vrais croyants fut unanime. En effet, à peine arraché à une obscure captivité, ce nègre, en qui ses gardiens même avaient découvert un réservoir d'érudition, وكان من أوعية العلم, est entouré des hommes instruits de la ville, on le prie, on le supplie de révéler ses précieuses connaissances! O prestige de la science! De la prison il est conduit comme en triomphe à Djama' ech-chorfa, la principale mosquée de

Merrâkéche. Une affluence extraordinaire de thâleb émérites accourt à ses leçons.

Ici, je reprends le fil de son récit. « Lorsque nous fûmes soulagés, ma famille et moi, du poids de l'affliction, ajoute-t-il avec résignation dans son auto-biographie (*fol. 181, verso*), un grand nombre de personnes lettrées s'approchèrent de moi et m'invitèrent à ouvrir des cours publics. Ma première pensée était de refuser : mais à la fin, vaincu par l'insistance de leurs prières, je pris place dans la mosquée des chérifs, et j'inaugurai mon enseignement par la lecture du *Mokhtaçar* de Sidi-Khelil, dont j'expliquais le texte par des scolies, des citations et des exemples tirés des meilleurs jurisconsultes. J'ai célébré en tout une dizaine de *Khitma*, en compagnie de mes auditeurs. Qu'il me soit donc permis de citer les ouvrages compris dans cette période de mes conférences publiques. En voici la liste :

1° Le *Teshil* d'Ibn-Malek sur les règles et les difficultés de la grammaire arabe.

2° L'*Alfiia* d'El-Irâki ou résumé des traditions mohammediennes.

3° Le *Teuhfet et-heukkâme* ou cadeau des juges, par Ibn-el-Aacéme, le Grenadin.

4° Le *Djamè el-Djouamè* ou recueil universel de préceptes, par Es-Sebki.

5° Le *Heukm* ou manuel du juge, par Ibn-Aatha-Allah.

6° Le *Djamè es-srir* ou petit recueil de préceptes, par Es-Soyouthi.

7° Le *Sahih* de Bokhari, qui contient les traditions mohammediennes. — Les traditions se divisent en trois classes principales : 1° *hadis moutewater*, c'est-à-dire celles qui sont dignes de foi, ayant été connues des compagnons de Mahomet de son vivant; 2° *hadis mechhour*, les certaines, c'est-à-dire celles qui ont acquis de la certitude parmi les compagnons, après la mort du Prophète, et qui sont regardées par les uns comme éléments des lois, et par les autres comme moyens auxiliaires de la jurisprudence; 3° *el-hadis el-ahad*, les unités, c'est-à-dire les traditions qui ont été connues depuis les temps des *tabis* et de leurs élèves; ou plutôt celles dont l'origine remonte à un seul compagnon. La jurisprudence les rejette dans les cas sérieux, dès qu'elles ne s'appuient pas de quelques preuves.

8° *Sahih* de Moslime (même sujet).

9° L'Abrégé des deux *Sahih*.

10° Le *Chifa* du cadi Ayyadh, qui est la définition des devoirs envers Mahomet.

11° Le *Mouwatta* ou aplanissement des difficultés du droit musulman, par le fondateur de la secte malékite.

12° *El-Mouadjizat el-Koubra*, ou les principaux miracles du Prophète, par Es-Soyouthi.

13° Les *Chemaïl* de Termédi qui contiennent la description des qualités du Prophète, sa vie intime et sa politique.

14° L'*Iktifa* d'Abour-rebic-el-Kilaï, comprenant la naissance de Mahomet, son origine, sa jeunesse, sa mission prophétique, la révélation qui lui a été faite du Koran, sa fuite à Médine et sa mort. Le livre se termine par l'histoire des trois successeurs de Mahomet, les seuls qui soient regardés comme légitimes par les Sounnites conformément à ces paroles du Prophète : « Après moi le khalifat durera trente ans. »

Une nouvelle compensation paraissait réservée à Ahmed-Baba. Tandis que sa voix éloquente s'exerce à communiquer aux intelligences qui l'entourent la connaissance de la rhétorique, du droit et de la théologie, mais surtout du droit, sa sagesse est comme mise à l'épreuve. Des questions de la plus haute gravité lui sont soumises par les représentants de la magistrature, et ses réponses deviendront des arrêts sans appel. C'est lui-même qui nous en fait sincèrement la confidence dans le passage qui suit : « Maintes fois j'eus l'occasion de prononcer des décisions, soit par écrit, soit de vive voix, sur les points de droit qui avaient embarrassé les hommes de loi les plus expérimentés, en sorte que la réputation de mon nom s'étendit depuis Sous-el-Aksa (16) jusqu'à Alger, jusqu'à Bougie, et sans doute au delà. » Mais, comme s'il ressentait dans le fond de sa conscience un secret repentir de l'aveu qui concerne son mérite, il se hâte d'ajouter : « Peu confiant dans ma propre sagacité, et convaincu d'ailleurs de l'insuffisance de mon instruction, j'examinais la question à plusieurs reprises, puis j'invoquais l'assistance de Dieu, et Dieu me faisait toujours la grâce de m'éclairer. »

Ahmed-Baba atteignait sa cinquantième année, lorsqu'il mit la dernière main au *Tekmilet-ed-dibadje*, وقد ناهزت الآن خمسين سنة. Nous apprenons par lui qu'il avait rédigé une partie de ses leçons, et que ces doctes essais étaient destinés à former plus tard des ouvrages de fond. Il avait même commencé un commentaire du Précis de Sidi-Khelil, ainsi que l'atteste cette réflexion, يسّر اللّه اكمالها « Dieu veuille m'accorder la faculté de l'achever! »

La liste de ses ouvrages indique la variété féconde de sa pensée ; c'est une bibliothèque entière de théologie, de jurisprudence, de morale, d'histoire et de belles-lettres. Malheureusement tous ses écrits ne nous sont pas parvenus. On ne possède encore que celui d'où j'ai tiré mes matériaux et qui constitue la base de mon travail. Je suis d'autant mieux en mesure d'en donner une analyse détaillée, que, dans le cours de mes recherches sur l'histoire des musulmans d'Afrique, j'ai eu plus d'une fois l'occasion de le lire et d'en rédiger moi-même l'index complet sur trois manuscrits différents qui ont été mis à ma disposition depuis 1851. Le dictionnaire biographique des savants et des saints de la secte malékite, est une vaste et curieuse compilation des auteurs qui se sont occupés avec prédilection de l'Espagne et de l'Afrique. Il n'acquiert pas moins de valeur aux yeux des orientalistes par l'utilité du sujet, que par les lectures originales dont il contient en quelque sorte la quintessence. Si la critique, d'ailleurs peu familière aux historiens mahométans, ne s'y fait pas assez sentir dans la peinture des caractères, on y remarque toutefois une grande exactitude dans les renseignements bibliographiques. Pour moi, qui ai vécu dix années au milieu de la société arabe et qui en apprécie la moralité à son juste prix, j'abandonne volontiers à Ahmed-Baba son admiration, souvent monotone, pour les marabouts de l'islam. Loin de moi la pensée de le chicaner sur ses sentiments religieux. Il vivait à une époque et dans un pays où la canonisation d'un personnage était trop aisément consacrée par la crédulité et la superstition. Je lui demande autre chose que l'énumération systématique des songes, des visions, des extases et des révélations de Sidi-Bou-Médiène, protecteur de Tlemcen, ou de Sidi-Abderrahman-et-Taalebi, patron des Algériens. Je me suis efforcé de choisir au milieu des tirades hagiologiques dont le *Tekmilet-ed-dibadje* est parsemé, à l'instar de toutes les œuvres contemporaines, des notices littéraires et quelques biographies remplies de faits véridiques, dans le genre de celles de Sidi-Khelil (17) dont j'ai offert une copie à notre savant professeur, M. Reinaud.

Le *Tekmilet-ed-dibadje* est extrait, en grande partie, de manuscrits presque introuvables aujourd'hui, mais dont les titres nous ont été heureusement transmis. Les plus importants sont : 1° Les tables bibliographiques, فهرسات, d'Ibn-Râzi, d'El-Mendjour, d'Ibn-el-Ahmar, d'Abou-abd-Allah-el-Hadrâmi, d'El-Mentouri, d'Abou-Zakaria-es-Sarradj et Abd-el-Ouahed-ech-Chérif ; 2° les Considérations de Tadèli sur le soufisme et les soufis ; 3° le Précis historique de Médine par Ibn-Ferhoune ; 4° la Liste chronologique des traditionnistes ou écrivains sacrés de la secte malékite, par Ibn-Konfoud (18) ; 5° les

Voyages de Todjibi, de Khâled-el-Fetouri, de Kalaçâdi, d'Ibn-Konfoud, le Constantinois, et d'El-Abdéri (19), voyages qui ressemblent beaucoup plus à des tournées littéraires qu'à des relations géographiques ; 6° les Annales complètes de Grenade, الاحاطة في تاريخ غرناطة, par Liçân-eddine-Ibn-el-Khatib, le Tlemcénien ; 7° le *Eunouâne ed-diraïa fi mechaïekh Bidjaïa* ou Notice des savants de Bougie au VIIe siècle de l'hégire, par El-Rabrini ou Ghabrini (20) ; 8° la Galerie des grammairiens du premier et du second ordre par Es-Soyouthi ; 9° les Tablettes nécrologiques d'El-Ouancherici, الوفايات ; 10° la Monographie des savants et des marabouts de Ceuta, qui est intitulée *El-Kaukeb el-ouikad fi men doufina fi Sebta min el-eulema ou'z-zohad ;* 11° la Notice d'El-Makkari sur ses professeurs, مشيخة المقري ; 12° le 2e volume de l'Appendice d'Ibn-el-Abar au *Sila* d'Ibn-Bachekouâl (Pascal) ; 13° Vertus et mérites de Senouci par El-Melali ; 14° les Leçons de l'imam Ibn-Merzoug le jeune, المرويات ; 15° trois volumes de l'ouvrage du Tlemcénien Ibn-Sa'ad intitulé l'*Etoile fixe* (biographies des docteurs magrebins) ; 16° les Additions au Dibadje, توشيح الديباج, par le cadi Bedr-eddine-el-Karafi, ouvrage qui a inspiré à Ahmed-Baba l'idée de rédiger le *Tekmila*.

Voici, après tout, comment l'écrivain le plus éminent de la Nigritie explique la composition de cette œuvre de longue haleine et les différentes phases qu'elle a subies (*fol.* 180 *recto*) : « Le présent livre, qui devait former la suite et le complément du *Dibadje ou Biographie des docteurs les plus célèbres de la secte malékite*, n'est que l'abrégé d'un travail très étendu, en dix-huit cahiers in-folio. Dans le principe, j'avais eu seulement l'intention de préparer des additions au répertoire d'Ibn-Ferhoune-el-Iamri, où figurent déjà six-cent trente personnages, et de mentionner ceux dont il avait négligé de parler ou qui avaient échappé à sa connaissance; mais, peu à peu mes notes ayant pris du développement, je cédai au désir d'agrandir mon plan, et je groupai dans un cadre considérable tous les hommes de la même secte qui s'étaient illustrés par leur science ou par la sainteté de leurs actes. C'est ainsi que mes notes et mes extraits finirent par se fondre ensemble, à l'aide d'un nouveau remaniement. Je publiai la première édition de la suite du Dibadje, en l'année 1005 (de J.-C. 1596). Elle ne laissa pas d'avoir quelques succès, car on en multiplia les copies. Depuis, revenant sur mon idée, j'ai pensé qu'il valait mieux me borner à faire l'historique des imams et des auteurs hors ligne, et j'ai appelé mon livre *Kifaïet el-mouhtadje li-maarifet men leïça fi'l-dibadje*, documents suffisants pour connaître les docteurs qui ne sont pas mentionnés dans le Dibadje, كفاية المحتاج لمعرفة من ليس في الديباج. »

Le *Tekmila* et le *Kifaïa* existent à Constantine; je les ai consultés simultanément sans y trouver d'autre différence que la prolixité des narrations qui concernent certains marabouts de l'Afrique.

Doué d'une raison forte, d'une sagacité peu commune et d'une ardeur infatigable pour la méditation des lois qui régissent le monde musulman, Ahmed-Baba avait sacrifié la plus grande partie de son temps à l'examen de Sidi-Khelil et de ses commentateurs. Ses efforts tendaient non seulement à aplanir les avenues de la jurisprudence, mais à en reculer les bornes. Il se posa en interprète du code malékite, et c'est là son meilleur titre à la reconnaissance de la postérité. Le passage suivant, que j'extrais de la vie de Sidi-Khelil (*Tekmil.*

dib. fol. 37 rect.), en même temps qu'il nous initiera aux essais de l'auteur sur les matières du droit, fournira un specimen de son style :

وضع الناس على مختصر خليل اكثر من ستين
ما بين شرح وحاشية ورميت معهم بسهم
فجمعت زبدة كلام ازيد من عشرة من شراحه
مع بحث معهم باختصار وتحرير منطوقاته
ومفهوماته وتنزيل النقول عليها بحيث لو
كمل لم يحتج الى غيره غالبا واعطيت منه
جزء للفقيه ابراهيم الشاوي وهو اكبر فقهاء
مراكش مع خدمة الفقه فاعجب به فصار يعتمد
عليه في تدريسه ويثني على محاسنه بين
اصحابه وكتبت ايضا تحريرات ونكتا على
كثير من مشكلاته كما ياتي ودخلت الان في
وضع حاشية عليه سميتها منن الرب الجليل
في بيان مهمات خليل يسر الله تعالى اكمالها
على حسن وضع ونفع بها

« Le précis de jurisprudence composé par Sidi-Khelil a donné lieu à plus de soixante ouvrages, tant en gloses qu'en commentaires. Moi-même, j'ai osé m'avancer parmi les concurrents et décocher aussi ma flèche. J'ai écrémé plus de dix commentaires, dans le but d'augmenter la concision de certains articles, de déterminer le sens de plusieurs expressions et d'indiquer les sources où le maître avait puisé; d'où il résulte que j'avais acquis le droit de dire que, si mon travail était achevé, il pourrait dispenser les étudiants de recourir à d'autres livres. J'en ai soumis un volume au cheikh Ibrahim-ech-Chaoui, qui était le juriste le plus instruit de Merrakéche, et il en fut tellement satisfait qu'il ne dédaigna pas de l'adopter dans son cours et d'en faire l'éloge devant ses collègues. J'ai rédigé en outre des observations sur quelques points obscurs du *Mokhtaçar*, sans parler d'une paraphrase du texte que je viens de commencer, et qui ne laissera pas de rendre service, si Dieu me permet de la compléter. »

La liste des autres œuvres d'Ahmed-Baba comprend les titres que voici :

1° Etudes sur le *Mokhtaçar* de Khelil, depuis le chapitre du *Zekat* jusqu'à celui du mariage, en deux volumes.

2° Eclaircissements sur un passage de Khelil conçu en ces termes : وخصّصت نية الحالف ; un cahier.

3° Le *Mounoun er-rabb el-djelil fi beïïan mouhimmat Khelil*, ou *Inspirations de Dieu pour l'intelligence des pensées de Khelil*, en deux volumes.

4° Le *Dourour el-ouichah* ou *Perles du baudrier*, qui est un abrégé du livre de Soyouthi intitulé : *El-ouichah fi fouaïd el-nikah*, et qui traite des avantages du mariage.

5° Préceptes de morale tendant à démontrer qu'il faut étouffer son ressentiment pour éviter d'être injuste; plusieurs cahiers.

6° Le Classement du *Djamâ el-maïar* d'El-Ouncherici, formant un petit nombre de cahiers (jurisprudence).

7° نيل الامل, *neïl el-amel*, thèse où il prouve que

c'est sur l'intention que la religion fonde ses arrêts, et que les actes se jugent d'après l'intention.

8° Le Désir et le but du vrai croyant ou démonstration du plus grand des attributs de Dieu ; un cahier.

9° Commentaire de la *Sogra* de Senouci *(voy. plus haut)*, en quatre cahiers.

10° Notice abrégée sur le cheikh Senouci, qui est enterré près des murs de Tlemcen ; trois cahiers.

11° Scolies sur le commencement de l'Alfïa d'Ibn-Malek, avec le titre de *En-nokt el-oufïa bi-cherah el-alfïa*.

12° Observations sur quelques passages de l'Alfïa, intitulées *En-nokt ez-zakia;* cet ouvrage, ainsi que le précédent, n'était pas terminé en 1013 (de J.-C. 1604).

13° Le *Raïet el-idjâda*, غاية الاجادة, qui traite de l'équivalence de l'agent et de l'inchoatif pour le sens de la proposition ; deux cahiers.

14° Un mot sur l'*Ihtidjadj* d'Ibn-Edris; ce travail, circonscrit en quelques pages, sert à expliquer les termes employés par cet auteur.

Une communication du cheikh Constantinois Hadj-Ahmed-Embarek, le musulman le plus versé dans les sciences historiques, m'apprend qu'Ahmed-Baba avait composé, dans les dernières années de sa vie, un traité en vers sur l'astronomie et un livre sur les différentes castes de nègres, païennes ou musulmanes. Je ne doute point du fait, et j'ai l'espoir que le même hasard, qui a dirigé vers ma main le *Tekmilet-ed-dibadje*, exhumera un jour l'*histoire du Soudan* des bibliothèques du Maroc ou de la Tunisie, où je suppose qu'elle a été déposée par quelque voyageur lettré. C'est alors que se dérouleront, dans un ordre régulier et avec une clarté satisfaisante, les conquêtes de l'islamisme et de sa littérature parmi les races noires. Car, la pureté avec laquelle la langue, la religion et les mœurs arabes se sont conservées dans le cœur de l'Afrique, est un fait bien remarquable, et la meilleure preuve que le désert est la vraie patrie de l'Arabe (21).

De tous les faits qui précèdent on peut conclure que, pendant les XIVe, XVe et XVIe siècles, la civilisation et les sciences florissaient au même degré sur presque tous les points du continent que nous étudions; qu'il n'existe peut-être pas une ville, pas une oasis, qu'elles n'aient marquée de leur empreinte ineffaçable, et surtout, que la race noire n'est pas fatalement reléguée au dernier échelon de l'espèce humaine, comme l'ont admis certains philosophes.

NOTES ET ÉCLAIRCISSEMENTS.

(1) L'ouvrage d'Abou-Abd-Allah-Mohammed, plus connu sous le nom d'Ibn-Batoutah, a pris, depuis plus de quarante ans, un rang honorable dans l'histoire de la géographie au moyen-âge. Deux orientalistes distingués, MM Defrémery et Sanguinetti, ont entrepris de le publier en arabe et en français; ils ont déjà fait paraître les trois premiers volumes sous les auspices de la Société asiatique de Paris. On lit dans la préface qu'ils ont rédigée : « Après vingt-quatre ans de voyages, de 1325 à 1349, Ibn-Batoutah regagna sa patrie.... Un dernier voyage d'Ibn-Batoutah ne devait pas être le moins long ni le moins curieux : en l'année 1351 il partit de Fez pour explorer le Soudan ou pays des noirs..... Il est ainsi, observe un savant géographe, le premier des voyageurs qui ont pénétré dans le centre de l'Afrique, parmi ceux dont la relation est parvenue jusqu'à

nous. » *(Voir les voyages d'Ibn-Batoutah, texte arabe, accompagné d'une traduction, par C. Defrémery et le Dr B.-R. Sanguinetti, tom. 1, p. VI).*

(2) Lors de la conquête de l'Afrique septentrionale par les musulmans, dit Ibn-Kaldoun, quelques marchands pénétrèrent dans la partie occidentale du pays des noirs et ne trouvèrent chez eux aucun roi plus puissant que celui de Ghana. Ses états se prolongeaient vers l'Occident jusqu'au bord de l'Atlantique. Ghana, la capitale de cette nation forte et nombreuse, se composait de deux villes séparées par le Nil (le Niger) et formait une des plus grandes cités du monde et des mieux peuplées..... Le royaume de Ghana était tombé dans le dernier affaiblissement vers l'époque où l'empire des Almoravides commençait à devenir puissant; aussi, ce dernier peuple, qui habitait immédiatement au nord de Ghana, du côté du pays des Berbères, étendit sa domination sur les Noirs, dévasta leur territoire et pilla leurs propriétés. Les ayant alors soumis à la capitation, il leur imposa un tribut et porta un grand nombre d'entre eux à embrasser l'islamisme. *(Voir l'histoire des Berbères, traduction de M. de Slane, tom. 2. p. 110).* On lit dans la traduction de la Géographie d'Aboulféda par M. Reinaud, tom. II, 1re partie, p. 221 : « Ghana forme deux villes, dont l'une est habitée par les musulmans, et l'autre par des infidèles. »

(3) Mes deux manuscrits donnent ولاتى, *Oualata*, avec un *ïa* sans points à la place du *noun*. La même ville est désignée dans le voyage d'Ibn-Batoutah par le mot إيوالاتن, *Iwalaten.* Ibn-Khaldoun écrit ce nom ولاتن, *Oualaten.* Voici la remarque que fait à ce sujet M. de Slane dans l'extrait d'Ibn-Batoutah qu'il a publié vers le commencement de l'année 1843 : « Le préfixe berbère أي ou أيت équivaut au ي *nisba* des arabes; mais ici ce mot paraît être le pluriel régulier berbère de ولات, *welat. (voir le Journ. asiatique, mars 1843, p, 195).*

(4) Melli, مالّي, capitale du Soudan, au rapport d'Ibn-Batoutah. « On n'y entre pas sans autorisation, dit le célèbre voyageur; mais, comme j'avais écrit d'avance à la communauté des hommes blancs dont les chefs étaient Mohammed-Ibn-el-Fakih-el-Djezouli et l'égyptien Chems-eddine-Neghwiche, en les priant de me louer une maison, je pus traverser sans délai le bac de la rivière Sansara, qui est environ à dix milles de Melli. » *(Voir le Journ. asiatique, mars 1843).*

Il paraît qu'au commencement du 14e siècle de notre ère, l'islamisme avait jeté des racines très profondes dans le sein de la population de Melli. En voici une preuve tirée du récit d'Ibn-Batoutah : « Les nègres de cette ville font la prière régulièrement, et ils se rendent très exactement à la mosquée ; si leurs enfants ne veulent pas apprendre à prier, ils ont recours aux coups pour les y contraindre. Le vendredi, si l'on ne va pas de bonne heure à la mosquée, on n'y trouve point de place à cause de la foule ; ce jour-là, il faut y envoyer son serviteur d'avance, avec un tapis qu'il étend à la place où on a droit de s'établir... . Ils sont très assidus à apprendre par cœur le Koran, et si leurs enfants négligent ce devoir, ils les mettent dans les fers jusqu'à ce qu'ils s'en acquittent. » *(Voir le Journ. asiatique, ibid., p. 221.)*

(5) Les arabes ont changé Sanaga, صناكة, en Sanhadja, صنهاجة. De *Sanaga* les européens ont fait *Sénégal (Voir le voyage d'Ibn-Batoutah dans le Soudan, traduit par M. de Slane ; Journ. asiatique, mars 1843, p. 232.)*

(6) Abou-Saïd-Abd-Esselam-ben-Saïd, surnommé Sahnoun, fut l'un des hommes les plus savants et les plus habiles du Magreb, dans lequel il répandit les doctrines de l'imam Malek. Il était né à Kaïrouan où il remplit les fonctions de cadi sous la dynastie des Aglabites, dans la première moitié du 3e siècle de l'hégire.

(7) Le mot مسّوفي *Meçoufi*, a été défiguré dans les deux manuscrits que j'ai sous les yeux. C'est le nom d'une branche de la tribu des Sanhadjas. On le trouve mentionné dans l'histoire des Berbères par Ibn-Khaldoun, pages 48, 212, 216 de la traduction de M. de Slane. En parlant de Teghaza, ville où il se fait un commerce immense de poudre d'or, Ibn-Batoutah ajoute : « La population de cette localité se compose d'esclaves Meçoufites, uniquement occupés à l'extraction du sel. » *(Journ. asiatique, mars 1843, p. 187.)*

(8) Touat, توات. — La distance entre R'ardaïa, la ville la plus méridionale de l'Ouadi-Mzâb, et l'oasis de Touat, est d'à peu près cent lieues. La route passe par Tegoraïn, qui se trouve à environ un tiers du chemin. « Les bourgades de Tsâbet (dans l'oasis de Touat) sont le rendez-vous des caravanes qui viennent de la ville de Tombouctou, du canton d'Agri, et des différentes parties du Soudan. On y trouve des étoffes de toute espèce et des marchandises de tout genre, qui y arrivent en grande quantité. C'est l'entrepôt des articles qui viennent du Maroc, à la demande des gens du Soudan, tels que chevaux, vêtements de drap et de soie. De sorte qu'une caravane qui se rend à Tsâbet y trouve un marché important.

(Explor. scientif. de l'Algérie, tom. IX; voyage d'El-Aïachi traduit par Berbrugger, introd. p. XX.)

(9) Mohammed-ben-Abd-Allah-ben-Abd-el-Djelil-el-Kasri est un des docteurs les plus distingués de Tlemcen. On l'appelle l'imam de Tenès. Il mourut en 899 (de J.-C. 1494) J'ai publié sa biographie et l'analyse de son livre intitulé *Collier de perles et d'or natif, ou Exposition de la noblesse des Beni-Zian.* (Voir le Journ. asiatique, novembre-décembre 1851, p 585 et suiv.). En 1852, M. l'abbé Bargès a donné la traduction française de la portion de cet ouvrage qui est consacrée à l'illustre dynastie de Tlemcen. (Paris, Benjamin-Duprat.)

(10) On peut consulter le mémoire que j'ai inséré dans le Journal asiatique (nº de février 1854, p. 175) sous le titre de *Documents inédits sur Es-Senouci, son caractère et ses écrits.*

(11) Et-Taalebi, aussi célèbre par sa naissance que par la sainteté de sa vie, est auteur de plusieurs traités théologiques. Les algériens lui ont élevé, auprès de la porte dite Bab-el-oued, une mosquée qui attire l'attention de tous les voyageurs. Il naquit en 788 (de J.-C. 1387) et mourut en 875 (de J.-C. 1471). Voici les titres des ouvrages que lui attribue Ahmed-Baba *(Tekmilet-ed-dib., fol. 56 recto)* :

ألّف كثيرا كتفسيره الجواهر الحسان في زبدة
ابن عطية مع زوايد كثيرة وروضة الانوار ونزهة
الاخيار قدر المدوّنة فيه لباب ستين من امهات
الرواوين المعتمدة بقي في جمعه سنين قال هو
خزانة كتب لمن حصله وكتاب الانوار في
معجزات النبي المختار صلى الله عليه وسلّم
والانوار المضيئة الجامع بين الشريعة والحقيقة
في جزء ورياض الصالحين في جزء وكتاب

التقاط الدرر وكتاب الدر الفايق في الاذكار
والدعوات والعلوم الفاخرة في امور الاخرة
مجلد ضخم وشرح ابن الحاجب في سفرين
فيه زبدة كلام ابن راشد وابن عبد السلام وابن
هارون وخليل وغيرهم وغرر ابن عرفة مع عيون
مسايل المدونة وفي اخره جامع كبير فيه فوايد
وارشاد الهالك جزء صغير والاربعون حديثا
مختارة والمختار من الجوامع في مجلدات
والدرر اللوامع وكتاب جامع الفوايد وكتاب
جامع الامهات في احكام العبادات وكتاب
النصايح وتحفة الاخوان في بعض احزاب
اي القران والذهب الابريز في غريب القران
العزيز وكتاب الارشاد في مصالح العباد وذكر
جميعه في فهرسته ❀

(12) Bien que l'orthographe du mot *aïda* soit déterminée de la même manière dans les deux manuscrits, je n'hésite pas à l'identifier avec le mot *aït*, qui, chez les kabyles du Maroc, au dire de M. Berbrugger, est

l'équivalent de *benou, ouldâd* (fils). Le *dal* est souvent confondu avec le *ta*. Quant au mot *abarkâne*, il appartient à la langue des nègres de Tombouctou, qui était celle de l'auteur.

(13) Je n'ai trouvé Tekra ni dans la géographie d'Aboulféda, ni dans la relation des voyages d'Ibn-Batoutah, ni dans l'histoire des Berbères par Ibn-Kaldoun. Le seul nom qui s'en rapproche est celui de Takda ou Takedda, ville du grand désert située à 40 jours de Bornou, et à 70 de Touat.

(14) Non loin de la Caaba, dans la cour de la mosquée de la Mecque, s'élève une construction carrée qui recouvre le puits de Zemzem, cette source qu'un ange fit jaillir au moment où Agar, errant dans le désert, voilait sa tête pour ne pas voir son fils Ismaël expirer dans les tourments de la soif Les musulmans s'imaginent qu'il suffit de boire de l'eau de Zemzem pour se procurer une bonne mémoire.

(15) Voir l'*Histoire de l'Afrique* par Ibn-Abi-Dinar-el-Kaïrouani, traduite en français par MM. Pellissier et Rémusat, p 8. — L'historien de Tunis donne au conquérant de Tombouctou le nom de Mahmoud-Pacha.

(16) Le pays de Sous-el-Aksa, situé près de la mer, à l'entrée du Sahara, au sud de l'empire du Maroc, est remarquable par sa fertilité, bien qu'il touche au désert. Il appartient à des races mélangées de Berbères Masmoudiens.

(17) La biographie de Sidi-Khelil que j'ai extraite du *Tekmilet ed-dibadje*, a été imprimée en tête du texte du *Moktaçar* par les soins de M. Reinaud. *(Imprim. impér. 1856.)* C'est le document le plus étendu et le plus véridique que l'on possède sur ce juriste éminent. La notice rédigée par El-Karafi contient des détails qui ne sont pas sans intérêt.

(18) Ahmed-ben-Haçan-ben-Ali-ben-el-Katib-ben-el-Konfoud naquit à Constantine, en 740 [de J.-C. 1339.] Il a écrit une monographie de sa patrie sous la dynastie berbère des Hafsites, et l'a intitulée : *El-Faresia*, la Farésiade. *(Voyez les extraits que j'en ai publiés dans le Journal asiatique, nos de mars 1849, septembre 1852, etc.)* Voici quelques-uns des ouvrages qui ont popularisé son nom dans les collèges de l'Afrique : Commentaire en cinq volumes sur la *Riçâla* d'Ibn-Abi-Zeid (jurisprudence); — Commentaire en cinq volumes sur les hadis, intitulé *Bounïa el-islam*; — Annotations au livre d'Ibn-el-Hadjeb ; — Notes sur l'abrégé d'Ibn-el-Benna; — Tableau des successions; — Généalogie des chérifs; — Imitation du Prophète; — Vie de Sidi Bou-Médiène, patron de Tlemcen; — Tablettes nécrologiques des traditionnistes; — Moyen facile pour recon-

naître la position des étoiles Je n'ai pu jusqu'à présent me procurer que deux de ces livres ; la Farésiade et les Tablettes nécrologiques *(el-oufaïat)*.

(19) Le cheikh Abou-Mohammed-el-Abdéri, natif de Valence, habitait en 688 (de J.-C. 1289) Haha, l'un des points les plus reculés du Maroc, et se rendit par terre à la Mecque. La relation de son voyage est écrite dans un style très recherché et en prose rimée. Elle est remplie, en outre, de morceaux de littérature qui lui ont été dictés par les professeurs en renom, et que les esprits sérieux regardent comme des hors-d'œuvre passablement fastidieux. J'en ai donné une analyse accompagnée de plusieurs extraits relatifs à l'Algérie. *(Journal asiatique n° d'août-septembre 1854, p. 144 et suiv.)*

(20) Le *Eunouan ed-diraïa* dont il n'existe encore qu'une copie, fait partie de ma collection de manuscrits. Il contient la biographie des savants qui ont illustré Bougie pendant le VIe et le VIIe siècles de l'hégire. J'en ai fait une analyse détaillée qui a paru dans le *Journal asiatique*, n° de juin 1856.

(21) Histoire générale et système comparé des langues sémitiques, par Ernest Renan, prem. part. p. 371.

A. CHERBONNEAU.

LETTRE

de M. Ch. Tissot à M. Cherbonneau sur les inscriptions de l'Amphithéâtre d'El-Djem (Régence de Tunis.)

Tunis, le 27 mai 1856.

MONSIEUR,

De toutes les ruines romaines qui couvrent la Régence de Tunis, l'amphithéâtre d'El-Djem est la plus importante et aussi la mieux connue. Shaw, Peyssonel, Desfontaines, sir Grenville Temple et le Dr Barth ont trop bien décrit ce magnifique monument pour qu'on puisse encore en parler après eux. Je ne me reconnais, pour ma part, que le triste droit de signaler la dégradation de plus en plus rapide d'un des plus beaux édifices que nous ait légués l'antiquité. Je me bornerai donc à vous entretenir aujourd'hui d'une inscription gravée sur une des pierres de l'amphithéâtre, et qu'aucun voyageur, à l'exception du Dr Barth, n'a encore signalée.

Lorsque je passai pour la première fois à El-Djem, au mois d'avril 1853, je remarquai au premier étage de l'amphithéâtre, entre les deux arcades qui font face à la mosquée, une inscription en caractères inconnus. Je réussis, non sans peine et sans danger, à atteindre l'arcade et à arriver jusqu'à l'inscription en cheminant sur la corniche, mais il me fut impossible, en l'absence de tout point d'appui, d'en prendre copie. D'un autre côté, l'inscription était placée à une trop grande

4.

hauteur pour qu'on put la lire exactement du bas de l'édifice. Je fus donc, à mon grand regret, dans la nécessité d'ajourner l'entreprise.

En lisant depuis les « Wanderuhgen über dic Küstenlander des Mittelmeors » du Dr Barth, je reconnus que l'inscription que n'avaient remarquée ni Shaw, ni aucun des voyageurs qui l'ont suivi, n'avait pas échappé au savant allemand. M. Barth suppose que l'inscription est en langue berbère et la fait remonter au temps où la Kahena Damia, la reine de l'Aurès, occupait l'amphithéâtre d'El-Djem. En déclarant qu'il n'a pu prendre qu'une copie fort inexacte de l'inscription, ce savant ajoutait :

« Jedenfalls istscbr zû wünschen dasz ein nachvolgender
» Reisende dic freilich bei mangel einer sehr hohen Leiter
» nicht angenchme Arbeit ubernimt, sic noch einmal zü
» copiren. »

Si j'avais connu, lors de mon premier voyage à El-Djem, ce vœu du Dr Barth, j'aurais certainement fait en sorte de le réaliser. Mais, comme lui, j'avais été pris au dépourvu. Plus heureux cette fois, j'ai pu relever, aussi exactement que possible, sa mystérieuse inscription, et j'en joins la copie à cette lettre (n° 1), ainsi que celles de deux autres inscriptions gravées sur les assises voisines, l'une à droite l'autre au-dessous, (n° 2 et 3).

Les caractères de l'inscription n° 1 n'appartiennent, à coup sûr, à aucune variété de l'écriture arabe. Deux ou trois lettres, à la rigueur, pourraient appartenir à l'alphabet hébraïque : l'une d'elles (2e et 6e de la 1re ligne, 8e et 15e de la seconde), ressemble tout à fait au *phè;* d'autres, avec un peu de bonne volonté, rappellent le *vaw*, le *beth* et le *teth*; et en regardant comme un jambage inachevé le point médial de la 10e, on pourrait y voir un *schine*, mais ce point se trouve répété presque à chaque lettre.

Lorsque je vis l'inscription pour la première fois, je supposai, comme le Dr Barth, bien que je n'eusse pas la moindre notion de l'alphabet berbère, ou peut-être parceque je l'ignorais, que ces deux lignes dataient de l'époque où les Berbères défendaient El-Djem contre l'invasion arabe. Un passage d'Et-Tidjani, qui appelle l'amphithéâtre « le château de la Kahena », et raconte le siège qu'elle y soutint, donnait une certaine vraisemblance à cette supposition. L'examen attentif de l'inscription m'a inspiré bien des doutes à cet égard. Il n'y a aucun rapport, en effet, entre les caractères dont il s'agit et l'alphabet berbère, tel qu'on croit l'avoir retrouvé chez les Touareg. Je ne saurais admettre, d'ailleurs, avec le Dr Barth, que l'inscription qui aurait été, selon lui, une formule magique, un talisman, soit complétée et pour ainsi dire expliquée par les grossières figures de poignards gravés au-dessous. Ces figures sont d'une date évidemment postérieure, car les lettres de l'inscription offrent dans leur creux la même teinte que les pierres de l'amphithéâtre, tandis que les traits qui figurent ces emblèmes guerriers sont d'une teinte plus claire. En outre, ces figures sont reproduites à plusieurs autres endroits de l'amphithéâtre.

Je laisse à votre sagacité, Monsieur, le soin de résoudre cette énigme épigraphique. Le seul fait que je puisse affirmer c'est que l'inscription a été gravée postérieurement à la construction de l'amphithéâtre. La convexité, bien que peu sensible, de la pierre qui la supporte, ne permet pas d'admettre qu'elle ait été encastrée dans l'édifice.

L'inscription n° 2 est évidemment arabe, et pourrait peut-être se traduire par :

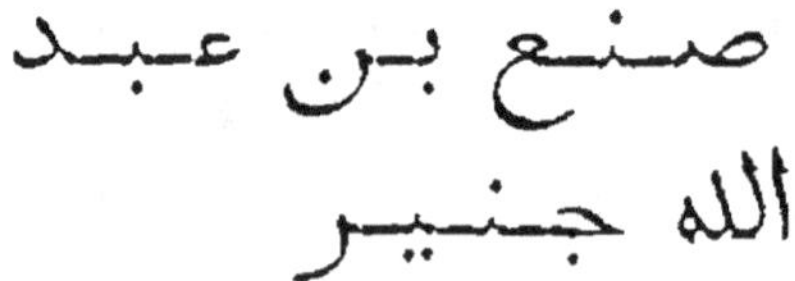

Il ne faut pas attacher une grande importance aux points distinctifs des lettres, le luxe de la ponctuation qu'on y remarque devant être attribué aux balles des arabes, dont l'amphithéâtre porte plus d'une trace. Ces deux lignes paraissent avoir été gravées en même temps que les deux ou trois poignards à lame recourbée et à la garde surmontée d'un croissant que mon dessin reproduit.

L'inscription n° 3 a la physionomie beaucoup plus berbère que la première. Quelques-unes des lettres qui la composent sont identiques à certains caractères de l'inscription de Tougga, retrouvés dans l'alphabet des Touareg. Mais beaucoup d'autres peuvent passer pour des signes numériques arabes.

Les dévastations journalières opérées par les arabes dans l'amphithéâtre d'El-Djem m'ont fourni l'occasion de remarquer que la face interne de la plupart des pierres porte ces quatre lettres peintes en rouge :

DPSC

Ce tétragramme servait-il à opérer la pose des pierres ?

Il n'existe, d'ailleurs, ainsi que vous le savez, Monsieur, aucune inscription latine dans l'amphithéâtre d'El-Djem.

Veuillez agréer, Monsieur, l'assurance....

Ch. TISSOT,

Vice-Consul de France à Tunis.

EXPLORATION ARCHÉOLOGIQUE

du Chettâba

(près de la ville de Constantine.)

I. La grotte dite R'ar ez-zemma. — II. Le château des Phuensiens. — III. L'évêché d'Arsacal. — IV. Les inscriptions d'Aïn-Kerma.

La région du Chettâba, qui, d'une part est contiguë au territoire civil de Constantine, et de l'autre, s'avance en manière de promontoire jusqu'au 38ᵉ kilomètre de la nouvelle route de Sétif, ne laisse pas d'offrir à l'archéologie une mine aussi neuve que féconde : car elle fut habitée, sous la domination romaine, par des populations laborieuses et commerçantes, dont on voit encore sur le sol les nombreux établissements, depuis Sakiet-er-roum « le canal des Romains », jusqu'à la belle fontaine des Oulad-Rahmoune, laquelle a perpétué le nom ancien de la localité dans celui d'Aïn-Phouwa. Aujourd'hui, lorsqu'on y rencontre sur une étendue de huit lieues, quelques pauvres gourbis en pierres sèches ou en pisé, on a peine à se figurer que Cérès et Mercure y aient eu leurs prêtres, leurs autels et leurs fêtes.

Il y a pourtant là tout un monde à étudier; il y a là de quoi défrayer pendant plusieurs mois, la sagacité de l'épigraphiste le plus actif. Mes recherches m'ont amené à reconnaître que la région du Chettâba se divisait, au temps du paganisme et dans les premiers siècles de l'ère chrétienne, en deux circonscriptions territorales : l'une qui vivait sous la protection du château d'Arsacal « Castellum Arsacalitanum », vers le sud-est de la montagne; l'autre, qui portait le nom de *Respublica Phuensium*, au nord-ouest. J'ignorais ces faits à l'époque où je parcourus pour la première fois la série de ruines qui conduit à R'ar ez-zemma « la grotte des inscriptions », et je prenais pour les vestiges épars d'une colonisation éphémère, des bourgs importants qui avaient eu jadis leurs conseils municipaux, leurs temples, leurs églises, des forteresses et des arcs-de-triomphe. Aussi m'a-t-il fallu recommencer six fois une exploration au terme de laquelle m'attendaient de si heureux résultats.

Pendant l'été de 1855, j'entrepris de visiter l'excavation naturelle que l'erreur des européens fixés à Constantine désignait, depuis la conquête, par le nom de grotte des Martyrs. Je partis à la fin du mois de mai, avec deux ecclésiastiques d'une érudition incontestable. De mamelons en ravins, de ravins en mamelons, nous cheminâmes, au gré de nos mules, vers le but qui nous attirait. Vouloir conduire sa monture, dans un pays où la semelle de l'homme n'a aucune solidité, serait pure folie. Pour arriver à la grotte, il faut mettre pied à terre au *mechta* de Ferkatadjine, entre Aïn-Kerma « la fontaine du figuier » et la base de la montagne; puis, on s'arme de courage pour accomplir, non sans mille précautions, une ascension qui dure au moins vingt minutes, à travers les blocs de rocher formant la gigantesque carapace du Chettâba. Une fois parvenus à l'entrée de cette cavité, que la nature s'est plu à tailler en ogive, les fatigues du voyage nous obligèrent à prendre un instant de repos, pendant lequel nous ne pûmes nous empêcher d'admirer le magnifique panorama qui se déployait devant nous, comme un spectacle créé pour l'agrément des yeux. Mais, nous nous étions imposé une autre tâche que la contemplation du paysage; et d'ailleurs le temps pressait. Nous étions venus pour saluer des martys de la foi et déchiffrer leurs noms oubliés par l'histoire. Il se manifesta alors dans nos âmes quelque chose d'indicible et qui ressemblait à un élan de la pensée vers Dieu.

Nous appliquâmes simultanément nos regards avides contre les caractères gravés sur ces murailles informes. Après bien des tâtonnements, il faut l'avouer, j'obtenais un classement de vingt-trois inscriptions, les unes assez lisibles, les autres à peine distinctes, celles-ci détruites en partie par les pierres qui se sont détachées de la voûte, celles-là masquées par des suintements calcaires, la plupart calcinées par les feux qu'allument dans cette retraite les bergers des environs, lorsqu'ils viennent s'abriter contre la neige ou les pluies.

Depuis cette époque, je suis retourné cinq fois à la Grotte du Chettâba, deux fois entre autres avec le général Creully, auquel revient en grande partie l'honneur d'avoir fondé la Société archéologique de Constantine. Je tenais à rapporter une traduction des caractères énigmatiques qui avaient donné lieu à tant de conjectures diverses. Toutes ces légendes commencent de la même manière : les lettres GDAS en forment invariablement la première ligne. Je conçois aisément qu'on éprouve le désir de considérer ces quatre majuscules comme l'abrégé d'une invocation chrétienne, qui serait GLORIA DEO (ou DOMINO) ALTISSIMO SANCTISSIMO. L'interprétation serait au moins ingénieuse. Quant à moi, j'aurais conservé des doutes, si je n'avais eu présent à la mémoire un monument que j'avais remarqué, dès l'année 1847, dans la cour de la petite mosquée de Sidi-Kaïss, à Constantine, et qui, malgré son état de dégradation, permet encore de lire assez distinctement :

GENIO DOMVS
. . . T SACR
TELESPHORVS
ABVEN . IS . . . S
ANLM . . DEDIT

Expliquée à l'aide de ce document, la formule GDAS que ne décorent ni le signe de la croix, ni le monogramme du Christ, rentre alors dans un autre ordre de faits et signifie probablement « Sacrifice en l'honneur du Génie (protecteur) de la famille Auguste. » C'est une variante de l'inscription reproduite par Orelli, n° 45, et par Zell, n° 148, laquelle est conçue en ces termes :

NVMINI DOMVS AVGVSTAE SACRVM.

Il parait qu'à l'avènement de chaque empereur romain, les notables de la circonscription montaient à la grotte et y célébraient une cérémonie accompagnée de prières et de sacrifices. Ils avaient la coutume de laisser un souvenir de cette espèce de *Te Deum* en marquant sur la roche le nom du chef de la population ou commandant du château, « *magister pagi*, — *magister* Castelli, — *magister Phuensium*. »

Une autre hypothèse, non moins admissible, vient combattre la précédente en s'appuyant sur les épigraphes trouvées récemment près de la zaouia des Oulad-Rahmoune, et qui sont des dédicaces à Septime Sévère, à sa femme et à ses deux fils. Il est présumable que le fort, ainsi que la petite colonie qui en dépendait, devaient leur fondation à cette famille et que la coutume imposait à chaque *magister*, lorsqu'il entrait en fonctions, d'aller en grande pompe à la grotte afin de remercier le Génie protecteur de la maison auguste ou d'invoquer son intercession par des offrandes. La préférence que j'accorde à cette dernière supposition ne nous empêche pas de noter ici que, sans négliger l'idée principale, on pourrait encore attribuer à la première ligne de ces légendes différentes significations, telles que :

GENIO DIVI AVGVSTI SEVERI
GESTIS DIVI AVGVSTI SEVERI
GENIO DOMVS AVGVSTAE SEVERI
GENS DEVOTA AVGVSTO SEVERO

Que d'autres interprètes se croient autorisés à y voir un vocable de la langue numide, peut-être le nom d'une divinité des peuples aborigènes, je ne leur conteste pas ce droit. Je regrette seulement de n'avoir aucune notion positive sur la matière.

Voici maintenant la copie exacte des inscriptions que je suis parvenu à déchiffrer :

N° 1.

GDAS
LNON
FELICE
MAG PHVENS

Genio domus Augustæ sacrum. Lucio Nonio Felice magistro Phuensium.

Au Génie protecteur de la famille impériale. Lucius Nonius Felix étant maire ou directeur de la circonscription des Phuensiens.

N° 2.

GDAS
LNONIO
VRBANO
MAG. PHV
ENSES

Genio domûs Augustæ sacrum. Lucio Nonio Urbano magistro. Phuenses.

Au Génie de la famille impériale. Lucius Nonius Urbanus étant directeur. — Les Phuensiens.

N° 3.

GDAS . . . AR
Ṫ S . FE
LIX M CAS
TELLI PHVEN
SIVM RP P

Genio domûs Augustæ sacrum..... A Rotasius Felix magister castelli Phuensium. Respublica pagi.

Au Génie de la famille impériale......... A. Rotasius Felix commandant du château des Phuensiens. Les habitants de la circonscription.

N° 4.

R
IVS FE
CAST PH
VENS

..... *Julius vel Nonius Felix (magister) castelli Phuensium. Respublica pagi.*

J'ai pensé d'abord qu'il était question ici du même personnage que dans le numéro précédent : mais, en calculant le nombre des lettres absentes, j'ai reconnu qu'il devait y avoir à la 2e ligne un nom plus court, par exemple *Julius*, *Nonius.*

N° 5.

GDAS
LNONI
VSFEL
IXROTA
SIVS
MG *ou* C

Genio domûs Augustæ sacrum. Lucius Nonius Felix Rotasius magister castelli.

Au Génie de la famille Auguste. Lucius Nonius Felix Rotasius, commandant du château.

N° 6.

GDAS
MAGPAG
FORTVNATO
VELLINIO

Genio domûs Augustæ sacrum. Magistro pagi Fortunato Vellinio.

Au Génie de la famille Auguste. Fortunatus Vellinius étant directeur de la circonscription.

N° 7.

GDAS
RPPMAG
CSITTIO
VICTOREVA
LENTINO

Genio domûs Augustæ sacrum. Respublica Phuensium magistro Sittio Victore Valentino.

Au Génie de la famille impériale. La circonscription des Phuensiens. Etant directeur Sittius Victor Valentinus.

Il est à remarquer que le nom du chef est dans quelques inscriptions au nominatif, et dans d'autres à l'ablatif.

N° 8.

GDAS
RPP MG (*ou* C)
PAGI CLA
VDIO MA
NSVETO

Genio domûs Augustæ sacrum. Respublica Phuensium. Magistro (castelli?) pagi Claudio Mansueto.

Au Génie de la famille Auguste. La république des Phuensiens. Claudius Mansuetus étant chef de la circonscription.

N° 9.

GDAS
LGABI
NIVSLV
STANVS (*sic*)
MAG
P

Genio domûs Augustæ sacrum. Lucius Gabinius Lusitanus magister pagi (ou *Phuensium*).

Au Génie de la famille impériale. Lucius Gabinus, né en Lusitanie, chef de la circonscription (*ou* des Phuensiens).

N° 10.

GDAS
RPP
MAGP
VELLINIVS
CRESCENS

Genio domûs Augustæ sacrum. Respublica Phuensium. Magister pagi Vellinius Crescens.

Au Génie de la famille impériale. La circonscription des Phuensiens. Vellinius Crescens étant directeur.

N° 11.

GDASR
PPMAGTE (*sic*)
CLAVDIOHO
NORATO

Genio domûs Augustæ sacrum. Respublica Phuensium. Magistro Castelli Claudio Honorato.

Tout ce que le lecteur peut désirer pour l'intelligence de ces *ex-voto*, se trouve dans les onze premiers numéros. Je me bornerai à citer le texte des autres inscriptions, en ayant soin d'assigner à chaque ligne et à chaque lettre la place qu'elle occupe sur les parois de la grotte.

N° 12

GDAS RPP
PALEIVS
CLEMENS
MAG. VASRVE (*sic*)

Le dernier mot ne peut pas s'expliquer.

N° 13.

GDASRP
PMAGCIV
LIIMARTIAL
ACINARIVS

Les noms propres ne sont pas au même

Est-ce un nom de localité, comme le fait supposer le mot *Mag(ister)* qui précède ?

cas : les lettres *lii* qui commencent la 3e ligne sont très lisibles. Il y a donc *Julii Martialis Acinarius* au lieu de *Julius*, etc.

N° 14.

GDASRPP
MAG PAGR
TIO FELICE I
VCRATI

N° 15.

. . . . . .
MAG CAST
PHVEM (*sic*) SITTI
MARITALIS

N° 16

GDAS
RPP
CIVLE
TRICN
MAG

N° 17

GDA
SRPP
MAG
L. NE
POTIS

N° 18.

D
VENSES
VSLVE D VIVI
MPAGI ASE
CRESCENT

N° 19.

GDAS
RPPICL
M IVS
AVIVS
MAGP

N° 20

GDAS
RPP
OV (*sic*) FOR
TVNATI
MC
AC
P

N° 21.

GDAS
RPP
LCIC
DI
FLO
RVS
M

Les deux épigraphes qui figurent à la fin de ma liste, sont tellement incomplètes, que je me dispenserai d'en donner la reproduction. Je dirai seulement que l'une d'elles conserve encore les lettres VENSIV.

Cet adjectif ethnique, dont l'apparition vient jeter une lumière confuse sur un point inaperçu de la topographie numidique, mérite une attention particulière, et je n'aurais point osé en déterminer l'orthographe, sans les précieuses ressources que M. Jules Gérard m'a offertes avec cette obligeance qui le caractérise : car soupçonnant à peine l'existence de l'H qui se trouve entre le P et l'V, et prêtant d'ailleurs à cette lettre tantôt la forme d'un N, tantôt celle de la syllable EL, je balançais entre la version PAGUS VENSIVM « *territoire des Vensiens* » et celle de PAGVS ELVENSIVM « *territoire des Elvensiens.* »

La découverte d'un ancien temple romain à Aïn-Phouwa dissipe l'incertitude qui naissait de l'altération et de l'irrégularité des inscriptions de la grotte. Les terrassiers ont ramassé dans une tranchée assez profonde quatre stèles de marbre dont la plus petite ne mesure pas moins d'un mètre sur chaque côté. Ces monuments historiques, qui sont dans un état parfait de conservation, portent des dédicaces à Septime Sévère, à Julia Domna, son épouse, et à la Fortune qui ramène Caracalla. Il y en a deux qui se terminent, l'une par les mots RP. PHVENS. et l'autre par ceux-ci RESP. PHVENSIVM. Voilà donc le lien qui rattache la grotte sacrée du Chettâba à la colonie romaine fixée au nord-ouest de cette montagne. Ce qu'il y a de remarquable, c'est que le nom du *pagus* s'est perpétué jusqu'à nos jours, sans la moindre altération : la fontaine qui coule à quelques mètres en contrebas du *castellum*, est appelée par les indigènes *Aïn-Phouwa* (en latin *Phua*).

§ 1. Inscriptions historiques d'Aïn-Phouwa.

I.

IVLIAE AVGVSTAE MATRI CAS
TRORVM CONIVGI
IMP. CAES. DIVI. M. ANTONINI PII GERM
SARM. FILI DIVI COMMODI FRATRIS DIVI
ANTONINI PII NEPOTIS DIVI HADR. PRONEP.
DIVI TRAIANI PARTHIC. ABNEPOT. DIVI NER
VAE ADNEPOTIS
L. SEPTIMI SEVERI PERTINACIS AVG. ARABIC
ADIABENICI PARTHIC. MAX. PONT. MAX. TRIB. POTES.
XIII IMP. XI COS. III PROCOS. PROPAGATORIS IMPERI
FORTISSIMI FELICISSIMIQ. PRINCIPIS P. P. MATRI
IMP. CAES. L. SEPTIMI SEVERI PII PERTINACIS AVG
ARABIC. ADIABEN. BARTHIC. (sic) MAX. FIL. DIVI. M. AN
TONINI PII GERM. SARM. NEPOTIS DIVI ANTONI
PII PRONEP. DIVI HADRIANI ABNEPOTIS
DIVI TRAIANI PARTHIC. ET DIVI NERVAE ADNEP.
M. AVRELI ANTONINI PII FELICIS AVG.
PONT. MAX. TRIB. POT. VIIII COS. III PROCOS.
FORTISSIMI FELICISSIMIQ. PRINCIPIS P. P.
ET SVPER OMNES RETRO PRINCIPES INVIC
TISSIMI RESP. PHVENSIVM.

Juliæ Augustæ, matri castorum, conjugi imperatoris cæsaris, divi Marci Antonini pii Germanici Sarmartici filii, divi Commodi fratris, divi Antonini pii nepotis, divi Hadriani pronepotis, divi Trajani Parthici abnepotis, divi Nervæ adnepotis,

Lucii Septimii Severi Pertinacis, augusti, Arabici, Adiabenici. Parthici maximi, pontificis maximi, tribunitiâ potestate XIII, imperatoris XI, consulis III, proconsulis, propagatoris imperii, fortissimi felicissimique principis, patris patriæ, matri imperatoris cæsaris, Lucii Septimii Severi pii Pertinacis, augusti, Arabici, Adiabenici, Parthici maximi, filii, divi Marci Antonini pii, Germanici, Sarmatici, nepotis, divi Antonini pii pronepotis, divi Hadriani abnepotis, divi Trajani Parthici et divi Nervæ adnepotis, Marci Aurelii Antonini pii, felicis, augusti, pontificis maximi, tribunitiâ potestate VIIII, consulis III, proconsulis, fortissimi felicissimique principis, patris patriæ et super omnes retro principes invictissimi, Respublica Phuensium.

« A Julie Auguste, (1) mère des armées, femme de l'empereur César, fils du divin Marc Antonin le pieux, le Germanique, le Sarmatique, frère du divin Commode, petit-fils du divin Antonin le pieux, arrière petit-fils du divin Adrien, 4e descendant du divin Trajan le Parthique, 5e descendant du divin Nerva, Lucius Septime Sévère Pertinax, Auguste, Arabique, Adiabénique, très grand Parthique, très grand pontife, revêtu de la puissance tribunitienne pour la 13e fois, Impérator pour la 11e fois, Consul pour la 3e fois, Proconsul, qui a étendu au loin les limites de l'empire, prince très courageux et très heureux, père de la patrie; mère de l'empereur César, fils de Lucius Septime Sévère Pertinax, auguste, Arabique, Adiabénique, très grand Parthique, petit-fils du divin Marc Antonin le pieux, le vainqueur des Germains et des Sarmates, arrière petit-fils du divin Antonin le pieux, 4e descendant du divin Adrien, 5e descendant du divin Trajan le Parthique, 6e des-

(1) Sévère avait eu une première femme nommée Martia : et quand elle fut morte, il s'unit à Julia, qui était Syrienne, parce qu'on prétendait que selon son horoscope elle devait être la femme d'un souverain. Il l'épousa à Rome. On voit par les inscriptions et dans les auteurs du temps, qu'elle s'appelait Julia Domna, et qu'on lui donna le titre d'Auguste, auquel la flatterie ajoute encore celui de mère du Sénat, de la patrie et des armées.

cendant du divin Nerva, Marc Aurèle Antonin le pieux, l'heureux, l'auguste; le très grand pontife, revêtu de la puissance tribunitienne pour la 9e fois, Consul pour la 3e fois, Proconsul, prince très courageux et très heureux, père de la patrie et le plus invincible de tous les princes qui l'ont précédé, la république des Phuensiens. »

Un martelage profond de quatre millimètres et exécuté avec soin a fait disparaître, à la 20e ligne et au commencement de la 21e, les noms et les titres de Géta, qui ont été remplacés par un redoublement d'épithètes adulatrices à l'adresse de son meurtrier. Dans les mots PARTHIC. — PRONEP. — POTES. — PHVENSIVM, les lettres TH — NE — TE et VM sont combinées de façon à ne former qu'un seul sigle, que les ressources de l'industrie locale n'ont pas permis de reproduire. La plupart des signes de ponctuation sont remplacés par des feuilles en cœur. Au milieu de la 13e ligne, le mot *parthic.* commence par un *b*.

Nous placerons cette dédicace en 208 de J.-C., époque où Caracalla et Géta furent désignés consuls, l'un pour la 3e fois, l'autre pour la deuxième. Un soulèvement des peuples de la Grande-Bretagne fournit, cette année là, à Septime Sévère l'occasion d'arracher ses fils au luxe de Rome et aux intrigues que faisait naître leur inimitié. Malgré son âge avancé et ses cruelles infirmités, il se rendit dans cette île éloignée. Julia Domna, Caracalla et Géta l'accompagnaient. Il combattit les barbares et les força plus d'une fois à demander la paix : mais il tomba malade à York, pendant que les Calédoniens se révoltaient de nouveau, et mourut, le 14 février 211, dans la 66e année de son âge et la 18e de son règne. L'urne qui renfermait ses cendres fut portée à Rome par ses deux fils, et déposée dans le tombeau de Marc Aurèle et des Antonins. On ne manqua pas de lui faire une apothéose dont Hérodien décrit amplement la cérémonie. Les Africains en firent un Dieu.

II.

IMP CÆS L SEPTIMI SEVERI PII
PERTINACIS AVG ARABICI ADI
ABENICI PARTHICI MAX FIL
DIVI ANTONINI PII GERMA
NICI SARM NEPOTI DIVI AN
TONINI PII PRONEP DIVI HA
DRIANI ABNEP DIVI TRAIA
NI PARTHICI ET DIVI NERVAE
ADNEPOTIS (*sic*)
M AVRELIO ANTONINO PIO
FELICI AVG PONT MAX·TR·POT.
III PROCOS FORTISSIMO FELICIS

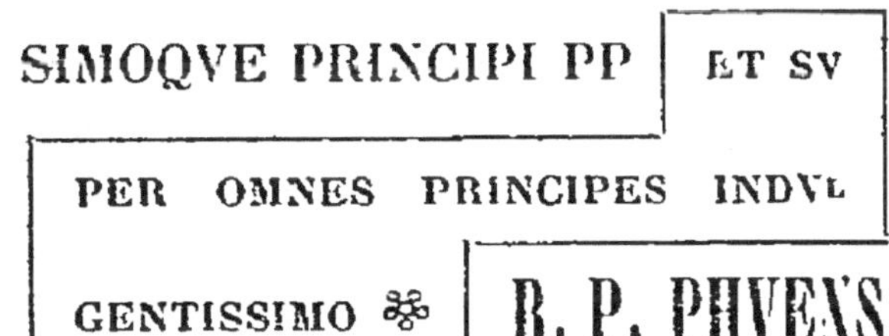
SIMOQVE PRINCIPI PP | ET SV
PER OMNES PRINCIPES INDVL
GENTISSIMO ❀ | R. P. PHVENS

Imperatori cæsari, Lucii Septimii Severi pii Pertinacis augusti Arabici Adiabenici Parthici maximi filio, divi Marci Antonini pii Germanici Sarmatici nepoti, divi Antonini pii pronepoti, divi Hadriani abnepoti, divi Trajani Parthici et divi Nervæ adnepoti,

Marco Aurelio Antonino, pio, felici, augusto, pontifici maximo, tribunitiâ potestate III, proconsule, fortissimo felicissimoque principi, patri patriæ, et super omnes principes indulgentissimo, respublica Phuensium.

« A l'empereur César, fils de Lucius Septime Sévère le pieux, Pertinax, Auguste, l'Arabique, l'Adiabénique, le très grand Parthique, petit-fils du divin Marc Antonin, le pieux, le Germanique, le Sarmatique, arrière petit-fils du divin Antonin, le pieux, 4e descendant du divin Adrien, 5e descendant du divin Trajan le Parthique et 6e descendant du divin Nerva,

» Marc Aurèle Antonin, le pieux, l'heureux, l'auguste, très

grand pontife, revêtu de la puissance tribunitienne pour la 3e fois, Proconsul, prince très courageux et très heureux, père de la patrie, et de tous les princes le plus indulgent, la république des Phuensiens. »

La date de ce monument me semble pouvoir être fixée au commencement de l'année 201, époque à laquelle Caracalla reçut la robe virile, quoiqu'il n'eût encore que 14 ans. Son père le désigna pour être consul avec lui, en 202, pendant qu'ils étaient en Syrie.

III.

IMP ❧ CA ESARI DIVI MAR
CIANTO NINI PII GERMAN
SARMAT FIL DIVI COMMO
DIFRATRID IVI ANTONINI PII
NEPOTI DIV I HADRIANI PRONEPOTI
DIVI TRAIANI NI PARTHIC ABNEPOTI
DIVI NERVÆ ADNEPOTI
L SEPTIMIOSE VERO PIO PERTINACI AVG
ARABICO AD IABENICO PARTHIC MAX
PONTIF MAX TRIB POTEST X IMP XI
COS III PROC OS PROPAGAT IMPERI
FORTISSIMO FELICISSIMOQVE PRIN
CIPI P P PATRI
IMP CAES ❧ M. AVRELI ANTONINI
PII FELICIS AVG. PONT MAX TRIB
POTEST III PR OCOS FORTISSIMI FE
LICISSIMI Q. PRINCIPIS. P.P ET
SVPER OMNE S RETRO PRINCIPES INVIC
VICTISSIMI
RESP. PHVENSIVM.

L'inscription qui porte le numéro III, est une dédicace à Septime Sévère. Nous n'en possédons malheureusement qu'une partie qui est gravée sur la surface d'un bloc de marbre, de façon à laisser vers la gauche une marge de 25 centimètres en largeur. En attendant que la pierre sur laquelle se trouve le complément des lignes, soit retirée des décombres du temple, je poserai comme jalons les chiffres qui indiquent le consulat de Septime Sévère et la puissance tribunitienne de Caracalla, et je restituerai l'inscription de la manière suivante :

Imperatori cæsari, divi Marci Antonini pii Germanici Sarmartici filio, divi Commodi fratri, divi Antonini pii nepoti, divi Hadriani pronepoti, divi Trajani Parthici abnepoti, divi Nervæ adnepoti,

Lucio Septimio Severo pio, Pertinaci, augusto, Arabico, Adiabenico, Parthico maximo, pontifici maximo, tribunitiâ potestate X, imperatori XI, consuli III, proconsuli, propagatori imperii, fortissimo felicissimoque principi, patri patriæ, patri

Imperatoris cæsaris, Marci Aurelii Antonini, pii, felicis, augusti, pontificis maximi, tribunitiâ potestate III, proconsulis, fortissimi felicissimique principis, patris patriæ, et super omnes retro principes invictissimi, Respublica Phuensium.

« A l'empereur César, fils du divin Marc Antonin, le pieux, le Germanique, le Sarmatique, frère du divin Commode, petit-fils du divin Antonin, le pieux, arrière petit-fils du divin Adrien, 4e descendant du divin Trajan, le Parthique, 5e descendant du divin Nerva,

» Lucius Septime Sévère, le pieux, Pertinax (1), l'auguste, l'Arabique, l'Adiabénique, le très grand Parthique, grand pontife, revêtu de la puissance tribunitienne pour la dixième fois, nommé onze fois Impérator, trois fois Consul, Proconsul, qui

(1) Tandis que les Prétoriens proclamaient Pescennius Niger en Orient, Clodius et Albinus dans la Grande-Bretagne, l'armée de Germanie, campée près de Carnunte (Autriche), élut Sévère, le 13 août 193, en lui conférant les noms d'Auguste, de Pertinax et d'Empereur.

a reculé les limites de l'empire, prince très courageux et très heureux, père de la patrie, père
de l'empereur César Marc Aurèle Antonin, le pieux, l'heureux, l'auguste, le Parthique, revêtu pour la troisième fois de la puissance tribunitienne, Proconsul, prince très courageux et très heureux, et de tous les princes ses prédécesseurs le plus invincible, LA CIRCONSCRIPTION DES PHUENSIENS.»

Le 3e consulat de Septime Sévère concorde, suivant le témoignage des historiens, avec le 1er consulat de son fils aîné. Or, dans le fragment d'inscription qui nous reste, Septime-Sévère est consul pour la 3e fois, tandis que Caracalla n'est désigné que comme proconsul. D'un côté, nous avons l'année 202, et de l'autre, l'année 200, époque où Caracalla fut investi pour la 3e fois de la puissance tribunitienne. Il faut donc supposer que le lapicide s'est trompé en gravant les titres de l'empereur Septime Sévère. Les erreurs de ce genre ne sont pas rares.

IV.

FORTVNAE · REDVCI · AVG
IMP· CAES· M· AVRELII· ANTONI
NI PII· FEL· AVG· PARTHICI· MAX· BRI
TANNICI· MAX· PONT MAX TRIB· POT
XVI· IMP· II· COS· IIII· PP· PROCOS· DIVI
SEVERI PII ARABICI ADIABENICI PAR
THICI MAX BRITANNICI MAX FILI
DIVI· M· ANTONINI PII GERMANICI
SARMATICI NEPOTI (*sic*) DIVI ANTO
NINI · PII PRONEP DIVI HADRI
ANI . . ABNEP · DIVI TRAIANI
PARTHICI ET DIVI NERVAE
ADNEP· R· P· P· D· D·

Fortunæ reduci augustæ Imperatoris Cæsaris Marci Aurelii

Antonini, pii, felicis, augusti, Parthici maximi, Britannici maximi, pontificis maximi, tribunitiâ potestate XVI, imperatoris II, consulis IIII, patris patriæ, proconsulis, divi Severi pii Arabici Adiabenici Parthici maximi Britannici maximi filii, divi Marci Antonini pii Germanici Sarmatici nepoti (nepotis), *divi Antonini pii pronepotis, divi Hadriani abnepotis, divi Trajani Parthici et divi Nervæ adnepotis, Respublica Phuensium. Decreto Decurionum.*

« A la Fortune auguste qui ramène l'empereur César Marc Aurèle Antonin le pieux (1), l'heureux, l'auguste, le très grand pontife, revêtu de la puissance tribunitienne pour la 16e fois, Impérator pour la 2e fois, Consul pour la 4e fois, père de la patrie, Proconsul, fils du divin Sévère le pieux, l'Arabique, l'Adiabénique, le très grand Parthique, le très grand Britannique, petit fils du divin Marc Antonin le pieux, le Germanique, le Sarmatique, arrière petit-fils du divin Antonin le pieux, 4e descendant du divin Adrien, 5e descendant du divin Trajan le Parthique et 6e descendant du divin Nerva, la république des Phuensiens. Par un décret des Décurions. »

Cette inscription est plus belle et mieux conservée que les autres. Les caractères en sont si nets et si vifs qu'on les dirait gravés de la veille. Un défaut de la pierre qui occupe le commencement de la 10e et de la 11e ligne, a forcé le lapicide d'y laisser un espace vide que j'ai soin de représenter dans ma copie. C'est en 213 de Jésus-Christ que Caracalla, alors dans la 16e année de son tribunat, fut nommé consul pour la 4e fois avec Dec. Cœlius Balbinus. Cette année là, il se rendit dans les Gaules, fit tuer le Proconsul de la Narbon-

(1) Caracalla s'appelait Bassianus. Son père lui avait donné le nom d'Antonin, en commémoration d'Antonin le pieux, et c'est avec cette qualification que nous le voyons figurer dans les inscriptions et sur les médailles.

naise et viola les droits de plusieurs villes. Il rapporta de cette expédition une espèce d'habit qu'on appelait *caracalles* et dont il fit de grandes distributions au peuple : ce qui lui a valu le surnom de Caracalla. Quelques historiens s'accordent à dire qu'il ne prit le titre d'*Imperator*, pour la 3e fois, que dans la 17e année de son tribunat, c'est-à-dire au mois de mars 214, lorsqu'il partit de Rome pour aller combattre les Cattes. Il résulte de ces divers témoignages que la dédicace de ce monument doit être placée à la fin de 213 ou au commencement de l'année 214.

Au moment de mettre sous presse, j'apprends que M. Jules Gérard a fait encastrer dans le mur extérieur de sa villa, à gauche et à droite de la porte, les quatre stèles dont nous venons d'examiner les épigraphes.

---

§ 2. Inscriptions tumulaires d'Aïn-Phouwa.

Pendant mon séjour à Beau-Désert, je profitai d'une belle matinée de printemps pour examiner les ruines de Phua, en compagnie de M. Marie, l'habile architecte qui dirige les travaux de la nouvelle colonie des Oulad-Rahmoune. Il ne reste plus du *Castellum* que quelques lignes de pierres qui en marquent la place, et l'esplanade où s'étaient groupées les habitations du village, a été convertie en champ de blé. Là, comme à Constantine et dans tous les *vicus* environnants, la guerre semble avoir épuisé ses fureurs en effaçant jusqu'aux dernières traces de la vie. C'est dans la salle et dans la cour de la zaouia de Sidi-R'ariani que je trouvai plusieurs cippes extraits de la nécropole romaine et employés par les indigènes, en guise de matériaux. Malgré l'épaisse couche de chaux dont ils sont recouverts, je suis parvenu à lire les inscriptions suivàntes, ornées presque toutes d'une rosace et d'un croissant, symboles funéraires usités chez les païens de la Numidie.

N° 1.

PENEDIVS.
FORTVNATVS.
V. A. L. HSE.

N° 2.

DIS . M .
LABIA . HON
ORATA. V.A.
XXV . HSE

N° 3.

DIS . MANIB
VS . GABINI
VS . MERIDI
ANVS. V. A.
LXXXXI.
HSE. OTBQ.

N° 4.

D. M. MEMORIAE
NVMERI. DA
TI. VETERA
NI. LEG. III. AVG
C . PV . . V. A.
LXX . HSE.
OTBQ.

N° 5.

. . MS . FIL.
MAXIMILI .
V. A. XXXV.
OTBQ.

N° 6.

D . M .
EX
TRICA
TA.V.A.
LXXI

N° 7.

CLAVDIVS...
ATO. VIX. A.
XXX . HSE .

N° 8.

DI . MA.
MESKASIA
CVS. . VIA.
VIX. A. L.
H S E

N° 9.

. . . .
VS . VICTOR.
V. A. XXXX.
H . T . B . Q .
(*hic tu benè quiescas!*)

N° 10.

D. M.
BASILI
VS. . . .
. . . . .

En parcourant la campagne, j'aperçus au milieu de l'herbe

une pierre tombale, haute de 93 centimètres et divisée en deux parties par un double encadrement. L'encadrement supérieur contient un bas-relief dont le sujet est un guerrier nu et armé d'une lance, sur un cheval au galop ; sous les pieds du cheval gît étendu un énorme crapaud, destiné sans doute à figurer un ennemi vaincu. Voici l'inscription que j'ai lue au bas et dont je me suis procuré un estampage :

N° 11.

TI. CLAVDIVS. MN
TAI. F. CILIVS. LVSI
TANVS. EQVES. ALA
E. PANNONIORVM. T.
V. A. XLV. MILITAVIT.
A.XXVII. H.S.E.HP.CLA
VDIA. PRIMIGENIA. ET.
FORTVNATA. L. L.

Titus Claudius, Mantai filius, Cilius, Lusitanus eques alæ Pannoniorum tertiæ, vixit annis XLV; militavit annis XXVII. Hic situs est. Hoc posuerunt Claudia Primigenia et Fortunata libertæ.

» Titus Claudius Cilius, fils de Mantaus, portugais, cavalier du troisième corps des Pannoniens, a vécu 45 ans et servi 27 ans. Il repose ici. Claudia Primigenia et Fortunata, affranchies, lui ont élevé ce monument. »

L'A du mot MNTAI (*1re ligne*) n'est point marqué : mais je suppose que le lapicide a eu l'intention de le représenter à l'aide des deux derniers jambages de l'M, comme cela se pratique dans beaucoup d'inscriptions. A une petite distance de la fontaine, que l'on restaurait en ce moment, je vis une pierre beaucoup moins élégante arrachée au tombeau d'un soldat qui parait avoir vécu dans des conditions plus modestes. On y lit :

N° 12.

D M
CT. ANNo
NIVS. L. F.
QVIR. FE
LIX. QVI
ET. AQVEn
SIS. MILEs.
LEG. III.
STIPENDI
ORVM II
V. A. XXI

Dis manibus. Ctesias (?) Annonius, Lucii filius, quirina, Felix, qui et Aquensis miles legionis tertiæ stipendiorum II, vixit annis XXI.

« Aux Dieux Mânes. Ctesias Annonius Felix, fils de Lucius, appartenant à la tribu Quirina et né à *Ad Aquas*, soldat de la deuxième cohorte des stipendiaires de la 3e légion, a vécu 21 ans. »

La place de guerre désignée ici sous le nom de *Ad aquas* était voisine d'Hippone, s'il faut en croire Morcelli auquel j'emprunte la note suivante (*Africa Christ. vol. 1, p. 81*) : « Numidia item oppidum *Aquas* habuit, quod nullo apposito distinguebatur : id que in itinerario Antonini fortasse designatur, ubi scriptum est *Ad Aquas*, id est non longè ab Hippone Regio : quamquam obscura ferè sunt, quæ liber ille suppeditat. »

Une inscription votive me fut indiquée sous les arbres qui avoisinent la maison principale de la nouvelle colonie; elle y avait été transportée sans doute pour servir de banc à quelque pâtre indigène. La lecture en est facile; il n'y manque que deux lettres à la première ligne :

N° 13.

TVRN
O. AVG. SAC.
L. IVLIVS. VR
BANVS.
V. S. L. A.

Saturno Augusto sacrum. Lucius Julius Urbanus votum solvit libens animo.

« Autel consacré à Saturne Auguste. Lucius Julius Urbanus a acquitté ce vœu avec empressement (de bon cœur.) »

Le jour où je devais quitter Beau-Désert, on fit encore une trouvaille intéressante dans les ruines du temple qui avaient déjà fourni les quatre inscriptions dédicatoires. L'objet déterré était un cippe haut de 1 mètre 69 centimètres, taillé en forme de niche et représentant une dame de distinction avec le costume local (*voir la planche dessinée par M. Marie*). L'épitaphe gravée au bas est conçue en ces termes et facile à comprendre :

N° 14.

DIS. MANIBUS. IVLIA.
PAVLA.V. A. L. H. S. E.

D'Aïn-Phouwa à Aïn-Kerma, en doublant la pointe méridionale du Chettâba, il n'y a que 6 kilomètres; et c'est là que j'amène le lecteur, au risque de déranger l'ordre de mes excursions. Ce petit coin de la Numidie jouissait d'un climat très salubre, comme l'attestent plusieurs inscriptions que j'y ai recueillies et qui offrent des exemples extraordinaires de longévité. Aïn-Kerma « la fontaine du figuier » est au bas de la grotte dite R'ar ez-zemma.

Inscriptions tumulaires d'Aïn-Kerma.

N° 1.

D . M .
M. IVLIVS.
ABAEVS.
V. A. CXXXI.
H. S. E.

Aux Dieux Mânes. Marcus Julius Abaeus a vécu 131 ans. Il repose ici.

N° 2.

D . M .
IVLIA.
GAETVLA.
V. A. C. XXV. (*sic*)
H. S. E.

Aux Dieux Mânes. Julia Gétula a vécu 125 ans. Elle repose ici.

N° 3.

D . M .
M. CASSIVS.
GRACILIS. VETE
RANVS. V. A. CXX.

Aux Dieux Mânes. Marcus Cassius Gracilis, vétéran, a vécu 120 ans. Il repose ici.

N° 4.

D . M .
FVLVIA.
GAETVLA.
Q. F. V. A.
LXXXXI.
H. S.

Aux Dieux Mânes. Fulvia Gétula, fille de Quintus, a vécu 91 ans. Elle repose ici.

N° 5.

D . M .
IVLIA . PERIC
V. A. LXXX.
H. B. Q.

Aux Dieux Mânes. Julia Péric... a vécu 80 ans. Qu'elle repose ici en paix! — Le nom qui termine la 2e ligne est incomplet.. C'est peût-être *Perilla* qu'il faudrait lire, malgré le C que j'ai cru voir.

N° 6.

D . M .
Q. IVLIA. GETV
LICI . FILIA . VI
XIT. A . LXXV.
H. S.

Aux Dieux Mânes. Quinta Julia, fille de Gétalicus, a vécu 75 ans. Elle repose ici.

N° 7.

D . M .
LIBIVS
MOCIESTVS. (*sic*)
VIXIT ANNIS. LXI.

Aux Dieux Mânes. Libius Modestus a vécu 61 ans.

N° 8.

D . M .
P. SITTIA. NER
AXI? V.A. LXXV.
H. S. P.

N° 9.

IVLIVS
SITTIVS
V.A. LV.
H. S. E.

N° 10.

D . M .
C. IVLIVS.
MEQVI?
CRESCENS.
V. A. LXV.

N° 11.

D . M .
EXVLIVS.
VRBANVS.
V. A. LX.
H. B. Q.

N° 12.

D . M .
IVLIVS.
RVFVS. V. A.
LXXXXV.
H. S. E.

N° 13.

D . M .
ROGATA.
V. A. XXXXI.
H. I. S. P. (*sic*)

Dernière ligne fruste.

N° 14.

D. M.
CASIA.
ACVTA.
Vo Ao XXXII.

Aux Dieux Mânes. Casia Acuta a vécu 32 ans. — Les deux *o* représentent des points.

N° 15.

D. M.
L. SITTIVS.
NEPOS. V. A.
XXXV.

Le D et l'M sont séparés par un croissant.

N° 16.

D. M.
P. SITTIVS.
MESSOR
VIXIT. A. LI.
.O. S. (*sic*)

N° 17.

DS. M.
S. TATIA.
M. NERO
MN. VIXIT. A
NIS. (*sic*) XXV.
H. B. C.

Les lettres MN, à la 4e ligne, sont accolées. Il faut peut-être *Neronia*. H. B. C. pour *hic benè condita* (ou *condatur*).

N° 18.

D. M.
oSo QV
(MO) DERATA.
Vo Ao LXXV.

Inscription fruste et incomplète. La 2e ligne n'a pas de sens; à la 3e, j'ai ajouté *MO*. On remarquera qu'il y a encore ici des *o* gravés en manière de ponctuation, comme dans l'inscription qui porte le n° 14.

N° 19.

D. M.
PORCIA
HEXTRI
CATA.V.A.
XXXXX..H.S.B.Q.

Aux Dieux Mânes. Porcia Extricata a vécu 50 ans. Qu'elle repose ici en paix !

La pierre brisée sur laquelle on lit cette épitaphe, est sculptée avec plus d'élégance que les autres; elle est arrondie par le haut et entourée d'une torsade en relief. Le D et l'M sont surmontés d'un croissant. A côté de l'inscription gît une autre pierre creusée en forme de cuvette, et qui servait probablement aux libations. Les lettres H. S. B. Q. sont une abréviation de la formule *hic sita benè quiescat* « Qu'elle repose ici en paix! » On remarquera l'orthographe du mot *Hextricata* et la manière dont le chiffre 50 est représenté.

Aïn-Kerma était évidemment l'emplacement d'un poste romain, auprès duquel s'étaient groupés quelques établissements agricoles. J'y ai vu seulement des restes de maisons sur les gradins d'une colline et une assez belle mosaïque au bord du ravin qui contourne cette élévation.

N° 20.

DIS . MAN.
MVM. NERVL
LINVS. L. F. CHVL
LITANVS.V.A.LXIII.
H. S. E. S. T. T. L.

Aux Dieux Mânes. Mummius Nerullinus, fils de Lucius, natif de Collo, a vécu 63 ans. Il repose ici. Que la terre lui soit légère!

N° 21.

D. M. S.
CN . VIR... VS.
CN.FIL.NOMENT
ANVS.V.A.XLII.
H. B. I.

Aux Dieux Mânes. Cneius Vireins Nomentanus, fils de Encius, a vécu 42 ans. Il gît ici en paix.

Inscriptions du Château d'Arsacal.

C'est au mois de juin 1855 que j'eus l'avantage de voir, pour la première fois, la ville d'Arsacal, qui fut le siège d'un évêché vers la fin du 4e siècle. Je revenais de la grotte avec un jeune arabe qui me servait de guide. La route romaine que nous suivions, et que l'on reconnait encore à une série de petits postes échelonnés, sillonne, au sud-est, les derniers contre-forts du Chettâba, et vient s'arrêter, non loin de la deuxième station télégraphique de la ligne de Sétif, au pied d'une montagne en forme de cône tronqué. Des pans de murailles en pierres de grand appareil en couronnent la cîme sur plusieurs points, notamment du côté où la place est accessible. Bien que le soleil fût à son déclin et que j'eusse le dessein de rentrer à Constantine avant la nuit, je cédai à la curiosité de visiter un plateau qui paraissait avoir eu quelque importance, au point de vue militaire, sous la domination des romains. Comment nos mules, déjà fatiguées par une marche de dix lieues, escaladèrent les énormes débris de construction dont ces pentes abruptes étaient jonchées, c'est ce que je ne saurais dire : car mes regards avides embrassaient en même temps la disposition du terrain, les divers matériaux lancés par le catapulte jusqu'au fond des ravins, les tombes que n'avait point épargnées, la rage du vainqueur, et la fontaine dont le murmure paisible semblait être le dernier écho des voix qui jadis animaient ce séjour. Enfin, nous atteignîmes la hauteur. Ce n'était plus qu'un vaste champ, jauni déjà par les feux de l'été et moucheté de buttes blanches qui désignaient çà et là les monuments publics et la demeure des principaux habitants. Ce champ avait été une ville habitée par plusieurs milliers de cultivateurs, comme je l'ai appris plus tard.

Le lendemain de mon excursion, je racontais ma découverte à M. le général Creully, et je lui proposais de le conduire à El-Gouli'a « la petite forteresse » : tel est le nom que les indigènes donnent à cette montagne semée de ruines. Peut-on ajourner un projet de cette nature? Cinq jours après, nous étions sur cette esplanade, dont le château avait protégé jadis les bourgades environnantes, et quelques soldats, armés de pioches déterraient un autel en pierre grisâtre, haut de 1^{m} 21^{c} avec quelques moulures très régulières. Nous y lûmes avec une égale satisfaction l'inscription ci-dessous :

N° 1.

CERERI
AVG. SACR.
IVLIA. MVS
SIOSA. KASA
RIANA. EX.
CONSENSV.
ORDINIS. CAS
TELLI. ARSA
CALITANI.
SVA. PECVNIA.
FECIT.
L. D. D. D.

« Autel à Cérès Auguste (1). Julia Mussiosa de Kasar l'a érigé à ses frais, avec l'autorisation du conseil municipal du château d'Arsacal. Emplacement concédé par un décret des décurions. »

Le crochet formé par l'appendice inférieur du C qui commence la 9e ligne, donne à cette lettre l'apparence d'un G : ce qui fait que j'ai hésité à me prononcer avant d'être retourné à El-Gouli'a. Voilà donc le véritable nom de la ville rendu à l'histoire, et son emplacement reconnu. La lettre que j'adressais à ce sujet à M. Reinaud, de l'Institut, ayant été publiée dans l'*Athenœum français* (14 juillet 1855), M. Léon Rénier fit paraître, quelques jours après, dans le même journal, une note remplie d'érudition, dont je citerai plusieurs passages : « La ville d'Arsacal avait une administration municipale, puis-

(1) L'épithète d'*Auguste* n'est pas la seule qui soit attribuée à Cérès. — Il y a des monuments où elle est surnommée *Mater agrorum* « la mère de l'agriculture » (Orelli, n° 1495). Dans quelques autres elle reçoit les noms d'*alma* « nourrice des humains », d'*aristigera* « qui porte des épis » (Orelli, n° 1494), de *mater maxima frugifera* « mère très grande, qui produit des grains » (Orelli, n° 1496), de *Sancta* « sainte » (Orelli, n° 1497).

qu'il est question dans l'inscription dont il s'agit, d'une assemblée de décurions (*consensu ordinis*), et que le lieu où s'élevait ce monument avait été donné par décret de cette assemblée (L. D. D. D. *locus datus decreto decurionum*). C'était donc une *civitas*, une cité. Or on sait que lors de l'établissement du christianisme, toutes les cités devinrent des évêchés. Il en résulte que nous pouvons espérer de retrouver le nom de cette ville plus ou moins altéré, il est vrai, comme la plupart des noms géographiques qui ne nous sont parvenus que par des documents manuscrits, dans la liste des évêchés de l'ancienne Numidie, liste qui nous a été conservée par Victor de Vite, et que nous avons plusieurs motifs de croire complète. C'est en effet ce qui a eu lieu : le cinquante-septième évêque de cette liste est appelé *episcopus Arsicaritanus ;* et ce nom est évidemment le même qu'*Arsagalitanus*, ou plutôt *Arsacalitanus*, (M. Cherbonneau hésite lui-même entre ces deux lectures); car il n'en diffère que par deux lettres, un *i* mis à la place d'un *a* (*ars*I pour *ars*A), ce qui peut être le résultat d'une erreur de copiste; et un *r* pour un *l* (*ca*R*i* pour *ca*L*i*), ce qui n'est probablement qu'une prononciation différente du même nom..... Du reste, nous ne connaissons qu'un seul évêque d'*Arsacare* ou *Arsacale*. Ce prélat s'appelait *Servus;* il assista, en 484, à une assemblée d'évêques convoqués à Carthage, par le roi vandale Hunéric, et fut déposé et condamné à l'exil, à cause de son attachement au catholicisme. » (*Athen. franç., 21 juillet 1855, p. 625.*)

Le mot *Kasariana* qui est digne d'une attention particulière, autant par sa terminaison que par la position qu'il occupe (lig. 4 et 5), avait été pris pour un nom propre. M. Léon Rénier en a fait l'objet d'une remarque que je transcris ici, en rendant hommage à sa sagacité : « Mais cette ville, dit le savant épigraphiste, n'est pas la seule qui soit mentionnée dans l'inscription. Si l'on pouvait adopter la traduction proposée par M. Cherbonneau, la femme qui a consacré cet autel se serait appelée *Julia Mussiosa Kasariana;* elle aurait eu trois noms, ce qui serait une exception à l'usage général de l'empire romain, tel que nous le font connaître des milliers de monuments. L'explication de cette inscription présenterait d'ailleurs encore une autre difficulté. On possède un grand nombre de monuments du même genre, et dans tous l'intervention des décurions se montre une fois seulement, pour la concession de l'emplacement. Ici, au contraire, elle se montre deux fois : d'abord pour autoriser l'érection du monument, puis pour accorder la place où il doit être élevé. Pourquoi cette nouvelle exception à un usage général? On lèvera d'un seul coup toutes ces difficultés en voyant dans le mot *Kasariana* ce qu'il a l'air d'être en effet, un ethnique désignant le lieu de naissance ou le domicile de *Julia Mussiosa.* Ainsi cette femme n'avait que deux noms, suivant l'usage général de son temps; ainsi encore elle n'était pas d'*Arsacale,* et voulant y élever un monument, elle avait dû naturellement en demander l'autorisation à l'assemblée des décurions, au conseil municipal, pour me servir de l'expression de M. Cherbonneau.

» Mais de quelle ville était cette femme? C'est là un problème, qu'il est plus difficile de résoudre. En attendant qu'une nouvelle découverte nous permette de le faire avec certitude, nous sommes réduits à avoir encore recours à la liste des évêchés de la Numidie. On n'y en trouve qu'un seul dont l'ethnique se rapproche de *Kasarianus :* c'est celui dont l'évêque est désigné sous le nom d'*episcopus Cæsariensis.* Ces deux ethniques ne sont pas aussi différents qu'ils le paraissent au premier abord; supposez, en effet, qu'un copiste italien ait trouvé dans son texte le mot *Casarianus,* ou son équivalent *Casariensis,* et dites moi s'il n'aura pas dû éprouver une forte tentation de prendre pour une faute ce nom barbare, et de le remplacer par un nom beaucoup plus connu, par un nom éminemment classique par *Cæsariensis* en un mot? J'ajouterai que la localité désignée par cet ethnique devait être peu éloignée d'*Arsacale*, car nous voyons, dans un des deux passages où elle est mentionnée, l'évêque de *Sitifis* (Sétif) prendre la défense de ses habitants catholiques, contre leur évêque qui était donatiste. » (*voir l'Athen. franç. loc. laud.*).

N° 2.

AIANO. HADRIANO.
IFO. POTITVS. ARCVM.

Cette inscription, qui devait servir de décoration à un édifice public, est gravée sur une pierre longue de 1m 31c et large de 0m 24c. Les caractères ont 0m 11c de hauteur et 0m 1c de profondeur. La pierre est cassée au milieu. Nous n'avons point trouvé les autres fragments de l'inscription : mais la partie qui nous reste montre assez que le monument était un arc de triomphe élevé par les habitants d'Arsacal à l'empereur Adrien en mémoire de la conquête d'un pays, dont le nom est devenu méconnaissable, s'il est permis toutefois d'admettre que les lettres IFO en ont fait partie. Bien que nous ayons à regretter la perte de quelques uns des principaux éléments de l'épigraphe, on peut cependant essayer de la restituer de la manière suivante :

IMP. CAES. TRAIANO. HADRIANO. AVG. PONTIF. MAXIMO. P.P.
QVI.... IFO. POTITVS. ARCVM. POSVERVNT. ARSACALITANI.

A l'extrémité méridionale du plateau, sur une pointe de rocher qui regarde le 2e télégraphe de la ligne de Sétif, s'élevait une tour carrée dans le genre de celle de Mahidjiba. C'était là probablament le *castellum* dont parle l'inscription n° 1. Les débris de cette construction n'ont que deux ou trois mètres de haut dans quelques endroits. En parcourant la ville ou pour mieux dire, l'espace qui avait été peuplé par les favoris de Cérès, je distinguai, çà et là dans les fondrières, huit pierres tombales dégradées et striées par la pluie. En voici la copie :

N° 3.

D . M .
P. SITTI. SATV
RNINI. V. A. LXX.
H. S. E.
O. B. C.

Dis manibus Publii Sittii Saturnini. Vixit annis 70. Hic situs est. Ossa benè condantur.

Aux Mânes de Publius Sittius Saturninus. Il a vécu 70 ans. Il repose ici. Que ses os soient bien ensevelis.

N° 4.

D . M .
LVCIVS. IV
LIVS. IANVARI
VS. V. A. XLII.

Dis manibus. Lucius Julius Januarius vixit annis 42.
Aux Dieux Mânes. Lucius Julius Januarius a vécu 42 ans.

N° 5.

IVLIVS
OMOS

Fragment d'une épitaphe.

N° 6.

POMPEIVS
E.. F.. NCVS
. . . .
A. XXX.

Pierre mutilée et à peine lisible.

N° 7.

D . M .
IVLIA. HON
ORATA.V.A.XV.

Dis manibus. Julia Honorata vixit annis 15.

N° 8.

D M S
P. SINICIO. P. F.
MVNATIO. VET.
V. A. LXXII.
LIVIA. CONIVX
B M F

Dîs Manibus sacrum. Publio Sinicio, Publii filio, Munatio, veterano (qui) *vixit annis 72, Livia conjux benè merenti fecit.*

Aux Dieux Mânes. Livia a élevé ce tombeau à Publius Sinicius Munatius, fils de Publius, vétéran, qui mourut à 72 ans. Une épouse à son excellent mari.

N° 9.

D M
FELICIA . SE
MP . . . . . CAR
PITANA.V.A.L.
H. S. E.

Dîs Manibus. Felicia Sempronia Carpitana vixit annis 50. Hic sita est.

Cette femme était née à *Carpis* (voir l'Africa Christ. de Morcelli, t. 1, p. 121).

N° 10.

D . M .
SEX . RVSCI
VS . SEX . F .
MANSVETVS.
V . A . XXVI.
O T B Q

Dîs Manibus. Sextus Ruscius, Sexti filius, Mansuetus vixit annis 26. Ossa tua benè quiescant!

Ce que j'ai le plus remarqué à Arsacal, sans pouvoir m'en

rendre compte, c'est une roche presque conique qui termine l'angle occidental de la montagne et se dresse à plus de 150 mètres au-dessus de la vallée. Sur une des faces de la roche, dans la direction de l'est, est pratiquée une niche haute de 1^{m} 29^{c} et profonde de 0^{m} 42^{c}. Les marches taillées au-dessous lui donnent l'apparence d'un autel chrétien, et ce qui pourrait confirmer l'hypothèse, c'est la rainure creusée horizontalement au-dessus de la niche avec une entaille à chaque extrémité, et destinée sans doute à fixer un volet servant de fermeture.

Au mois de décembre 1855, je repris la route du Chettâba, dans l'espoir d'y faire de nouvelles découvertes. J'emmenais M. Dolly, qui est fort amateur d'antiquités. Moins heureux cette fois, que dans les courses précédentes, il me fallut rentrer à Constantine avec deux inscriptions dont une seule mérite d'être citée. L'une est une épitaphe double et l'autre un vœu adressé à Mercure. Voici la plus importante :

N° 8.

MERCV
RIO . . X
SACRVM
L. IVLIVS. L
FILI . . . .
PEBE . . .
LIVS . S . AR
DI . . . . . .
M . . . .
PEC . . . VS.

Mercurio maximo (1) *sacrum Lucius Julius, Lucii filius....... suâ pecuniâ votum solvit.*

(1) L'X qui termine la 2e ligne m'autorise à restituer l'épithète *maximo* que je retrouve dans une inscription d'Orelli portant le n° 1408 et commençant par ces mots : *Mercurio maximo conservatori orbis C. Silius. Fundanus C. fil. quir etc.*

« Autel érigé à Mercure, très grand, par Lucius Julius, fils de Lucius..... Il a acquitté ce vœu de ses propres deniers. »

Je ne crois pas qu'il soit possible de compléter cette inscription. La pierre sur laquelle elle a été gravée, est couchée sur le sol d'Arsacal, à 100 mètres environ de celle qui décorait l'arc de triomphe d'Adrien. Quant à l'épitaphe dont j'ai parlé plus haut et qui n'offre de remarquable qu'un nouvel exemple de longévité, c'est à la fontaine dite *Aïn-en-Nasara* « la fontaine des chrétiens » que je l'ai lue sur un cippe orné d'un croissant et d'un miroir. La partie droite du monument étant mutilée, je n'ai pu déchiffrer que les lignes suivantes :

N° 9.

D . M .
IVLIA .
VICTORI
NA . V .
A.LXXX.
H. S. E.
O.T.B.Q.

Dîs Manibus. Julia Victorina vixit annis octoginta. Hic sita est. Ossa tua benè quiescant!

« Aux Dieux mânes. Julia Victorina a vécu 80 ans. Elle est enterrée ici. Que tes os reposent en paix ! »

Encouragée par les suffrages qui ont accueilli sa première publication, la Société Archéologique de la province de Constantine a pensé que le meilleur moyen de mériter l'attention des savants et de féconder le champ de la science, c'était de briser le cercle étroit où elle s'était confinée, de se lancer à la recherche des faits nouveaux et d'entreprendre l'étude des monuments inédits. En changeant son programme, elle a donc imposé à ses membres l'obligation de modifier la nature de leurs travaux. C'est ce qui explique pourquoi j'ai préféré l'exploration du Chettâba, qui ne nous fournit pas moins de 80 documents entièrement inconnus, à la révision minutieuse des pierres épigraphiques exposées à tous les yeux dans les collections de la ville. Et puis, l'inconnu a tant d'attrait!

On chercherait vainement un sujet plus heureux et plus instructif à la fois, que l'examen des localités traversées par le Chettâba, à quelques lieues de Constantine; et je suis d'autant plus surpris qu'on n'y ait pas songé plus tôt, que plusieurs touristes avaient déjà choisi comme but de promenade la Grotte tapissée d'écriture (1) « *R'ar ez-zemma* », qui se trouve à l'angle sud-ouest de la montagne. Cette tâche était dévolue à ma curiosité. Les lecteurs jugeront si je m'en suis acquitté utilement en rendant à l'histoire les noms de *Phua* et d'*Arsacal*.

A. CHERBONNEAU.

(1) غار الزمّة signifie *la grotte de l'écriture*, *des inscriptions*. Dans le dialecte de Constantine, *zemma* a le sens de *liste écrite*.

LETTRE

de M. Ch. Tissot à M. Cherbonneau sur les inscriptions de Sidi-Medien (Colonia Vallis), régence de Tunis.

Tunis, le 7 Juillet 1856.

MONSIEUR,

J'ai reçu la lettre si aimable par laquelle vous avez bien voulu répondre à ma dernière communication, et je vous remercie de l'accueil trop bienveillant que vous avez fait à un envoi que le seul désir d'entrer en relations avec vous a pu me déterminer à vous adresser.

Cette indulgence même me fait un devoir de vous entretenir de sujets plus intéressants. Malheureusement je suis pris au dépourvu. Le seul travail un peu important que je serais heureux de soumettre à vos conseils n'est pas encore terminé : c'est une monographie du Lac Triton, le Chott-el-Djerid actuel. J'en ai rassemblé les premiers matériaux dans un voyage que j'ai fait au Sahara tunisien, il y a trois ans, et, en y travaillant je crois y avoir trouvé les éléments d'une de mes thèses pour le doctorat ès-lettres. J'attacherais le plus grand prix à ce que vous voulussiez bien, Monsieur, prendre connaissance de cette étude avant qu'elle n'affronte la discussion académique. Fort de vos conseils et éclairé par votre bienveillante critique, j'aborderais l'épreuve avec plus de confiance.

Je n'ai aujourd'hui, Monsieur, que bien peu de chose à vous soumettre : quelques inscriptions et deux ou trois dessins. *(Voir les planches à la fin du volume.)*

L'inscription n° 1 est la plus importante, et si j'osais avoir un avis au moment même où je la soumets à votre appréciation, je dirais qu'elle peut fixer la position d'une cité romaine dont le nom figure dans la liste des évêchés d'Afrique, mais dont la situation, ou du moins dont l'équivalent moderne était inconnu jusqu'ici. Il s'agit de la *Colonia Vallis*, et je la placerais, d'après les raisons que je vais indiquer, à Sidi-Medien, entre Krich-el-Oued et Medjez-el-Bab, sur un affluent de la Medjerdah (1).

Sidi-Medien n'est pas indiqué sur la carte, d'ailleurs fort défectueuse, qu'a publiée M. Pricot de Ste-Marie. La position peut être déterminée, à un ou deux mille près, par le sommet d'un triangle équilatéral dont une ligne tirée de Krich-el-Oued à Medjez-el-Bab formerait la base. Sidi-Medien n'est pas un village : c'est une koubba entourée de deux ou trois maisons servant de bâtiments d'exploitation à l'enchir (2) sur laquelle elle est située. La koubba domine un plateau assez étendu couvert de ruines romaines, parmi lesquelles on remarque les débris de trois temples. Une vallée assez profonde, où coule l'Oued-Melah, sépare le plateau de Sidi-Medien d'un autre plateau moins élevé, également couvert de ruines : un pont, dont les débris existent encore, faisait communiquer la ville proprement dite avec ce faubourg.

Quelle était cette ville antique ? Aucun archéologue, que je

(1) La Medjerdah (l'ancien Bagrada) est un grand fleuve qui prend sa source dans le pays des Henenchas (province de Constantine), traverse la régence de Tunis et se jette dans la mer, près de Porto-Farina.

(2) Le mot *enchir* ou *henchir*, هنشير, qui appartient à la langue berbère, sert à désigner les monceaux de ruines dont le sol de l'Afrique est jonché. *(Note de la rédaction.)*

sache, n'a parlé des ruines de Sidi-Medien : aucune synonymie n'a par conséquent été proposée. Je suppose que cette cité était la *Colonia Vallis.*

1° En raison des distances que marquent les itinéraires entre Colonia Vallis, Carthage et Bisica Lucana, et qui s'accordent, à peu de choses près, avec les distances qui séparent actuellement Sidi-Medien de Carthage et de Medjez-el-Bab.

2° En raison de l'absence de ruines aussi considérables sur les points qui pourraient également convenir à la localité dont parlent les itinéraires.

3° En raison de la situation même de Sidi-Medien dont la topographie justifie le nom de *Colonia Vallis* : cette vallée de l'Oued-Melah, qui sépare en deux parties la ville antique, justifie le nom donné à cette localité.

4° En raison du fragment de colonne portant le nom de *Colonia Vallis*, que j'ai trouvé, non pas, il est vrai, à Sidi-Medien, mais dans le mur d'un abreuvoir voisin où ce fragment n'a pu être apporté que de Sidi-Medien. Cette *Sebbala* dépend d'un *enchir* nommé Ksar-et-Tir, dont les limites s'étendent jusqu'à l'Oued-Melah, en face de Sidi-Medien.

Je regrette de ne pouvoir développer le premier de ces motifs : j'écris cette lettre de la Marsa, où j'ai accompagné M. le chargé d'affaires de France, et je n'ai sous la main ni les itinéraires, ni le livre de Mannert. Mais il vous sera facile, Monsieur, la position de Sidi-Medien vous étant connue, d'apprécier à sa juste valeur l'hypothèse que je me borne à vous soumettre.

Les inscriptions n°s 2 et 3, sont également encastrées dans l'abreuvoir de Ksar-et-Tir « le château de l'oiseau. »

Les n°s 4 et 5 ont été trouvés dans les ruines de Sidi-Medien.

Quant aux n°s 6, 7, 8 et 9, ils ont été déjà, si je ne me trompe, l'objet d'une communication de la part de M. Alphonse Rousseau, notre ami commun.

Le n° 10 est un fragment de sculpture que j'ai également trouvé à Sidi-Medien.

Le n° 11 est, je le suppose du moins, la partie supérieure d'un moulin antique. Cette curieuse pièce, parfaitement conservée, a été trouvée, au mois d'octobre dernier, dans les fouilles faites à Sidi-Medien.

Dans une prochaine lettre, Monsieur, j'aurai l'honneur de vous communiquer une petite note sur un monument sarrazin, appelé Bordj-el-Arif, et situé près de Méhédia. C'est un des rares débris de l'architecture sarrazine dans la régence, et son état de dégradation est tel que dans quelques années il n'en restera pas pierre sur pierre.

Le travail que m'impose le courrier officiel m'oblige, Monsieur, à terminer ici cette lettre que je n'ai malheureusement pas le temps de recopier. Veuillez donc me pardonner mes ratures, et croire aux sentiments de respectueux dévouement avec lesquels j'ai l'honneur d'être, Monsieur.....

Ch. TISSOT,

Vice-Consul de France à Tunis.

LETTRE DE M. C. TISSOT A M. C.

sur l'épitaphe d'un Chevalier de Malte.

MONSIEUR ET CHER CONFRÈRE,

Je vous envoie l'épigraphe d'un chevalier de Malte mort à Méhédia (1), dont il commandait la citadelle, en 1554. Cette tombe, partagée en deux fragments, se trouvait dans la mosquée de Méhédia ; je l'en ai fait sortir pour copier l'inscription que voici :

QVÆ · REGIO · IN · TERRIS · NO
STRI · NON · PLENA · LABORIS?
❀ EN · IACET · HIC · HYEROSO
LIMITANVS · S · MILES · IOHAN
NES · ANTONIVS · DE · PISCATO
RIBVS E · SPLENDOR · NO
VAR POST · ANNOS
EIVS·D MILITIÆ QVADRA
GINTA · VITÆ·VERO · DVOS ETSE
XAGINTA · INTEGERRIME · FOR
TISSIMEQVE · ACTOS · DVM PRO · RE
TINENDA · ISTA · ARCE · A · REP · DEL
ATA · ENIXE · OPERAM · NAVAR
INTENDIT · INOPINAQ · MORTE
CORREPT · EX · HAC · VITA · MIGRA
VIT · AD · DNM · ANNO · XPI · NAT ·
M D, LIIII XIII · CAL · FEB · ADMO
NET TE · HOSPES · SI · VIR · SIES.
OMNE · TIBI · SOLVM · ESSE · PATRIAM ·
VA LE

Le mot VALE est coupé en deux par un écusson sur lequel sont représentés deux poissons, qui répondent peut être au nom du chevalier *Johannes Antonius de Piscatoribus*.

C. T.

(1) Méhédia ou Mehdïa, ville maritime de la régence de Tunis en latitude 35° 33'; elle occupe l'extrémité d'une péninsule. A côté se trouve un faubourg appelé Zouïla. *(Note de la rédact.)*

NOTE SUR BORDJ-EL-ARIF.

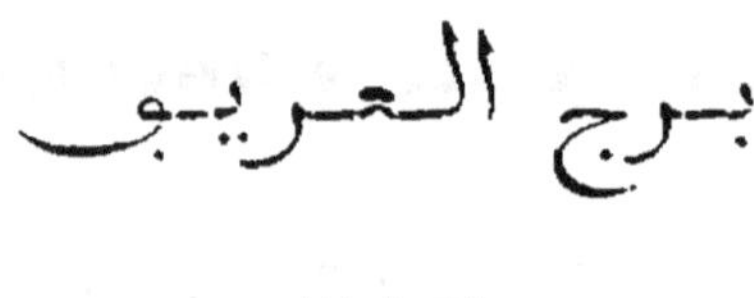

A environ une lieue de Méhédia et à l'ouest de la ville, à l'entrée de l'immense plaine qui s'étend jusqu'à El-Djem, s'élève un monument d'architecture sarrazine, appelé par les habitants du pays *Bordj-el-Arif* « le Château du savant. » (1)

L'édifice, malheureusement fort maltraité par le temps, et plus encore par les dévastations journalières des arabes qui viennent y prendre des pierres, se compose d'un rectangle équilatéral, flanqué aux quatre angles de tourelles pentagonales. Le monument est orienté de façon à ce que chaque angle corresponde à un des points cardinaux.

Chacune des faces de l'édifice a douze pas de longueur, et présente, aux extrémités voisines des tourelles, une fausse fenêtre à quadruple ogive. Les brèches qui existent malheureusement au centre et dans toute la hauteur des quatre façades, ne permettent pas de se rendre compte des ouvertures médiales qui devaient donner entrée dans l'édifice. Chaque tourelle est également percée, à chacune de ses cinq faces, d'une longue fenêtre postiche, en ogive.

L'édifice est partagé en deux étages par une sorte de frise

(1) L'expression *a'rif* dérivée du verbe *a'ref* « connaître, savoir » a deux sens bien distincts. Elle signifie quelque fois *prince*, et dans ce cas elle est synonime de *raïss;* mais on l'emploie le plus souvent pour désigner *celui qui connait les lois divines,* comme il est dit dans le commentaire des séances de Hariri (p. 415, comment. l. 8 de la 1re édit.) A Constantine, où la plupart des nègres se livrent encore aux superstitions du fétichisme, la grande prêtresse prend le nom d'*A'rifa* *(Note de M. Cherbonneau)*

ornée d'une inscription en caractères coufiques. La plus grande partie de l'inscription a disparu : je transcris les deux fragments qui existent encore sur les faces nord-est et sud-est (1).

Le monument était sans doute surmonté d'une koubba ou coupole qui a disparu, et contenait deux pièces voûtées, l'une au rez-de-chaussée, l'autre au premier étage. — Il existait, en outre, une pièce souterraine qui n'est plus aujourd'hui qu'une excavation informe remplie de décombres.

J'ai fait fouiller les amas de décombres amoncelés au pied de chacune des faces de Bordj-el-Arif. Mes recherches n'ont abouti à aucun résultat.

Aucune tradition ne se rapporte à Bordj-el-Arif. Les savants indigènes que j'ai interrogés à ce sujet en font ou un château-fort, ou un observatoire. Mais ces deux hypothèses sont démenties par l'architecture aussi légère qu'élégante du monument, par son peu d'élévation (dix ou douze mètres) et par sa situation dans une plaine entourée et dominée de toutes parts par des élévations de terrain. M. Pellissier de Reynaud y voit un monument funéraire, celui, si je ne me trompe, de l'imam El-Mahadi (2).

Les collines voisines de Bordj-el-Arif présentent un grand nombre de sépultures creusées dans le roc. J'en ai remarqué également une grande quantité à l'extrémité de la presqu'île de Méhédia, sur le bord de la mer. Quelques-unes de ces cellules funéraires contenaient encore des squelettes parfaitement conservés. Je suppose que ces tombes remontent à l'époque sarrazine.

Ch. TISSOT.

(1) Le beau dessin et l'inscription qui accompagnaient cette note sont parvenus à la Commission après l'exécution des planches.

(2) L'imam El-Mahadi (El-Mehdi), qui a bâti Méhédia, mourut dans cette ville en 322 (de J.-C. 934). *(Voir dans le Journ. asiat. n° 7, 1855, le mémoire publié par M. Cherbonneau sous le titre de* « Documents inédits sur Obeïd-Allah, fondateur de la dynastie Fatimite, traduits de la Chronique d'Ibn-Hammâd. »

EXTRAIT D'UNE LETTRE DE M. LÉON RÉNIER

à M. Cherbonneau

Sur une Inscription Chrétienne trouvée à Constantine.

Paris, le 7 Août 1855.

Mon cher ami,

..... Je connais déjà votre inscription; je l'avais copiée, à mon dernier voyage à Constantine, sur le pavé d'une maison située rue ou impasse Lhuillier, nº 16. Cette maison appartenait alors à un juif nommé Thaïeb, interprète des Domaines. Nous voulûmes, M. Coopman et moi, lui acheter ce monument pour l'offrir à la Société archéologique de la province de Constantine. Mais cet homme croyait posséder un trésor, et il nous en demanda un prix fou. Il nous fallut renoncer à notre projet. Je suis heureux d'apprendre que cette maison va recevoir une destination municipale. Il vous sera possible d'en retirer la pierre, et de la faire transporter au musée provisoire. Vous la sauverez ainsi; car si elle reste dans la situation où je l'ai vue, elle sera bientôt entièrement détruite. Ce serait vraiment fâcheux : car c'est assurément l'une des inscriptions les plus intéressantes qu'on ait trouvées à Constantine. Malheureusement, elle est tellement dégradée, et la lecture en est si difficile, que je ne pouvais être parfaitement sûr de l'exactitude de ma copie. La vôtre est venue la confirmer sur beaucoup de points, la compléter ou me permettre de la rectifier sur quelques autres. Elle me sera très utile, et je vous remercie sincèrement d'avoir eu la bonne pensée de me l'envoyer.

Je lis ainsi cette inscription :

† ENTADE KO
IMKEITETÊS
MAKARIAS MNÊ
MÊS OVLPIA Ê KAI
KONSTANTIA
BVZANTIA
GEINAMÉNÊ
TVGATÊR ORÊ
AS TÊS ATLIAS
ZÊSASA EN EI
RÊNÊ ÊTÊ Z

† Éntàde koim(êtheisa) keite[1] tês makarias mnêmês Oulpia, ê kai Kônstantia, Buzantia geinaménê, thugatêr Orêas tês athlias, zêsasa en eirênê été z.

† *Hic sepulta jacet beatæ memoriæ Ulpia, quæ et Constantia, natione Byzantina, filia Oreæ infelicissimæ, quæ vixit in pace annos septem.*

J'ai lu distinctement un O à la fin de la première ligne. Je suis sûr des lettres OV que vous avez vues aussi, à la 4e ligne; je suis moins sûr des dernières lettres de ce mot, LPIA. La fin de la ligne, ÊKAI est certaine.

A la 7e ligne j'avais lu GENAMENÊ; vous avez lu GÊNAMENÊ, qui se rapproche d'avantage de la véritable leçon.

(1) Pour Keîtai, qui se prononçait de même.

ORÈAS est un nom bien extraordinairé; cependant nos deux copies sont d'accord pour le donner.

J'ai vu un Z à la fin de la dernière ligne.

Vous voyez, mon cher ami, que c'est l'épitaphe d'une enfant de sept ans; mais cette enfant était née à Byzance, et son épitaphe, qui est en grec, a, pour la forme des lettres (1), la plus grande analogie avec l'inscription du château de *Mdaou-rouche* (2), qui a été gravée sous le commandement de Salomon. Cette enfant était donc très probablement la fille d'un fonctionnaire byzantin de la même époque. Son épitaphe est jusqu'à présent le seul monument privé que l'on ait retrouvé du séjour et de la domination des Grecs en Afrique. N'avais-je pas raison de dire qu'elle a une importance réelle?

Recevez l'assurance.....

LÉON RÉNIER.

(1) Voir la copie lithographiée de l'inscription à la fin du volume. — La Société archéologique de la province de Constantine est heureuse d'annoncer aux lecteurs que la pierre fait partie aujourd'hui du Musée provisoire, et elle saisit cette occasion pour remercier M. Limbéry, nouveau propriétaire de la maison, lequel en a fait don à la ville. *(Note de la rédaction.)*

(2) مدوروش, Madaure, patrie d'Apulée. Saint-Augustin y fit ses études.

NOTE

SUR

Une ancienne Citerne de Tubusuptus (Tiklat),

AUX ENVIRONS DE BOUGIE.

La citerne de Tiklat (1) est divisée en quinze compartiments de chacun 4m 15c de longueur sur 50m 60c de longueur, et 6m de profondeur du fond à la naissance des voûtes.

Huit de ces compartiments sont séparés par des murs de 0m 75c d'épaisseur; celui du milieu est divisé en trois, sur sa longueur, par des murs de même épaisseur. Les sept autres ne sont formés que par des piliers qui supportaient des arceaux qui n'existent plus.

Tous ces compartiments étaient voûtés et communiquaient entre eux par des ouvertures dans les murs. Les voûtes n'existent plus.

Un puits en maçonnerie existe à l'intérieur d'un des compartiments; il servait sans doute au jaugeage de l'eau contenue dans la citerne.

Un autre puits, placé à l'extérieur et adossé au mur d'enceinte de la citerne, servait probablement à faciliter la pose et les réparations des tuyaux de prise des eaux.

Un regard, placé à peu de distance de ce dernier, servait

(1) Tiklat, défilé et poste militaire sur la rivière de Bougie, à une journée de marche de cette ville.

sans doute, à l'établissement et à la réparation des tuyaux de répartition des eaux sur divers points. En cet endroit devaient être placés les robinets de distribution.

Le conduit qui alimentait la citerne est en maçonnerie. Il en existe encore des traces sur un parcours d'environ 10 ou 12 kilomètres, à l'extrémité duquel se trouvent les prises d'eau.

Les restes de toutes ces constructions sont en assez mauvais état de conservation.

D'après des calculs établis, cette citerne pouvait contenir 12,000 mètres cubes d'eau. Un réservoir de cette capacité suffit pour faire supposer que le centre, qui était établi en cet endroit, devait avoir une certaine importance.

Il existe en effet, à un demi kilomètre de ces citernes, des traces de ruines d'établissements publics et particuliers, ainsi que celles d'un mur d'enceinte, percé d'arcades, qui pouvaient circonscrire une superficie d'environ 16 à 18 hectares.

Je dois à la bienveillante sollicitude de M. le commandant supérieur de Bougie (Augereau), qui connaissait parfaitement ces ruines et qui a eu l'extrême obligeance de se rendre avec moi sur les lieux, l'occasion d'avoir été mis à même de faire un relevé succinct de ces ruines pour les soumettre à la Société archéologique du département. *(Voir le dessin à la fin du volume.)*

MEURS.

SUR UNE INSCRIPTION ARABE

TROUVÉE A CONSTANTINE.

En visitant le palais de l'ex-bey Hadj-Ahmed, qui est devenu la résidence du commandant supérieur de la province, j'ai remarqué, dans la salle des archives du bureau arabe, une table de marbre blanc, d'un mètre de long sur soixante centimètres de large, ornée d'une très belle inscription arabe, qui vient expliquer plusieurs faits intéressants de la monographie de Constantine, savoir :

1° La date de la construction de la mosquée de *Souk-el-Rezel*, convertie par nous en église catholique;

2° Le nom du véritable fondateur de cet édifice;

3° L'acte tyrannique du bey, qui fit substituer son nom à celui du fondateur.

On voit, en effet, au premier tiers de la cinquième ligne, un trou carré, creusé avec soin dans le marbre, et au fond duquel a été gravé, par une main peu habile, le mot حسين nom du bey Kolian-Huceïn-bou-Koumia.

Ce prince succéda à Ali-Bey-ben-Salah, en l'année 1125 (de J.-C. 1713). Il était brave et belliqueux. Chargé par le pacha d'Alger de diriger une expédition contre Tunis, et d'établir sur le trône le prétendant que des intrigues de cour en tenaient éloigné, il eut l'honneur d'entrer dans cette capitale à la tête des troupes algériennes, et de pacifier la régence. C'est à l'historien Ben-Abd-el-Aziz que nous devons le récit de ses exploits.

Pour arriver à connaître la vérité, il fallait d'abord savoir dans quelle mosquée cette inscription avait été prise avant d'être déposée au palais, et puis apprendre l'origine de l'altération du texte.

Comme un grand nombre de temples musulmans ont été, depuis la prise de la ville, ou démolis ou enlevés au culte, pour cause d'utilité publique, et que la table de marbre n'offre d'autres documents que le nom de حسين à la cinquième ligne, et à la fin de l'inscription Huceïn-ben-Mohammed, en manière de chronogramme, je me trouvais dans l'embarras. J'eus donc recours à plusieurs vieillards du pays, entre autres à l'ex-cadi hanéfite Mustapha-ben-Djelloul. Voici la note qu'il voulut bien me communiquer :

« Mon grand-père, le seïd Abbas-ben-Ali-Djelloul, originaire de Fez, dans le Maroc, avait quitté la secte malékite pour embrasser celle d'Abou-Hanifa ; il exerçait les fonctions de bach-kateb (secrétaire-général du gouvernement) auprès du bey de Constantine, Huceïn-bou-Koumia. S'il jouissait d'une grande fortune, il savait aussi en faire un usage honorable. En l'année 1143 (de J.-C. 1730), il fit bâtir, à ses frais, une mosquée dans le quartier de Souk-el-Rezel, où se tient le marché à laine filée, *(aujourd'hui rue Caraman.)*

« Pour consacrer la mémoire de cette œuvre pieuse, Abbas-ben-Ali-Djelloul fit placer au-dessus de la porte principale une inscription en caractères *mecherki* d'une rare élégance, dont voici le texte et la traduction. Les huit vers qui forment la partie principale de l'épigraphe sont du mètre kâmil et donnent le pied *moute-faïloun* répété six fois. La table de marbre étant oblongue, on les a gravés deux par deux sur une ligne, en dessinant autour de chaque vers un encadrement symétrique :

❋ بسم الله الرحمن الرحيم صلى الله على سيدنا محمد ❋ فى بيوت اذن الله أن ترفع ويذكر فيها اسمه يسبح له فيها بالغدو والاصال ❋

غرف المحامد ام قصور تعبّد
ام جنّة الرضوان للمتهجّد
ام جامع جمع المحاسن فانثنت
فى جيد منشيه اعزّ مقلّد
بيت يقام بها عماد الدين فى
ظلّ امتثال للاله الاوحد
كالشمس الآن تلك الى الافول
هذه فى البرّذات تخلّد
وسعت بها وسعت يدا حسين ضبا
حكة بها للراكعين السجد
يرجوا بها من يسبل الستر المذال
على العصاة اذا اتوه فى غد

يا خير من يرجى لكل مؤمل

نوله فى الدارين اسعد مقصد

ولئن تسل تاريخه فاتى به

باى الزمان حسين ابن محمد ❀ ١١٤٣ ❀

« Au nom de Dieu clément et miséricordieux ! Que la prière
» soit sur notre seigneur Mohammed !

» Dans des édifices que Dieu a permis d'élever, et dans
» lesquels son nom est répété, on chante ses louanges matin
» et soir. (*Koran, chapitre de la Lumière « Sourat-en-nour »*,
» XXIV, vers. 36.

« Salles décorées par les prodiges de l'art, êtes-vous des palais consacrés au culte, ou bien le paradis de la grâce divine au sein duquel reposent les justes ?

» Ou bien êtes-vous un temple de bonnes œuvres, dont l'éclat est rehaussé par la gloire de son illustre fondateur ?

» C'est un édifice où sont dressées les colonnes de la religion, à l'ombre de l'observance des commandements de Dieu unique.

» Il est pareil au soleil ; mais cet astre est destiné à perdre sa splendeur chaque soir, tandis que lui conservera éternellement son caractère sacré.

» Sa vaste nef, érigée par la main de | HUCEÏN | s'ouvre riante devant les humbles dévots.

» Le fondateur espère obtenir sa grâce de celui qui laissera tomber demain sur les pêcheurs le voile de sa miséricorde.

» O toi, sublime bonté, à qui ne s'adressent jamais en

vain les espérances des mortels, daigne combler ses vœux dans cette vie et dans l'autre.

» Si tu veux apprendre, ô lecteur, la date de la construction, elle est contenue dans ces mots : *Le Bey du siècle Huceïn-ben-Mohammed*, c'est-à-dire 1143 (de J.-C. 1730). »

L'ex-cadi Moustapha-ben-Djelloul, continue en ces termes :

« Les oulémas de Constantine furent convoqués pour consacrer, par un acte qui a été conservé dans les archives de la famille, l'œuvre méritoire du seïd Abbas-ben-Ali-Djelloul. Mais le bey ne laissa pas d'envier la renommée de son bach-kateb. Il le fit appeler et lui dit : « Abbas, nous avons vécu en frères ici-bas, soyons encore frères dans l'autre vie. Il convient que nous partagions la dépense, afin que j'obtienne ma part des bénédictions que le ciel te réserve. »

» Le seïd Abbas-ben-Ali-Djelloul était trop fin pour ne pas comprendre que la prière de son maître était un ordre, et que la volonté d'un Turc est écrite sur la lame d'un yatagan. Il reçut sans murmurer l'indemnité qui lui était offerte. Mais, après sa mort, les envieux et les détracteurs (*chïatine*) s'approchèrent du Bey et lui donnèrent à entendre que le seïd Abbas, en faisant graver son nom sur le frontispice de la mosquée de Souk-el-Rezel, avait eu la prétention de passer aux yeux de la postérité pour l'unique fondateur de ce superbe édifice, et que, par suite de cet acte de lèse-majesté, il ne manquerait pas de gens à Constantine qui se croiraient fondés à lui en attribuer tout le mérite. En conséquence, Bou-Koumia fit effacer le nom d'Abbas et y substitua le sien, comme le prouve la lésion faite dans la table de marbre, au premier tiers du cinquième vers. »

C'est à cet événement qu'il faut rapporter le passage suivant du docteur Shaw (1) :

(1) *Voyage dans la Barbarie et le Levant*, t. 1er, p. 137.

« Tattubt, qui est sur les bords de l'Aïn-Yakout, au N.-E., à 4 lieues d'Oum-el-Asnab, et à huit S.-S.-O. de Constantine, était autrefois une ville considérable; mais, à présent, elle est toute couverte de poussière et de décombres. Hassan (*Huceïn*), le bey régnant de cette province, fit tirer, il y a quelque temps, de ces ruines, plusieurs colonnes de beau granit, tout entières et d'égales grandeur et grosseur. Elles ont douze pieds de hauteur, et fond le principal ornement de la nouvelle mosquée que ce bey a fait bâtir à Constantine. »

Ce qu'il y a de vrai dans l'assertion du célèbre voyageur, c'est qu'une partie des colonnes employées dans l'édifice dont il est question, proviennent réellement de Tattubt, mais elles ont été transportées de l'emplacement des ruines romaines à Constantine par l'ancêtre de Ben-Djelloul.

Quant aux données relatives à la ville de Tattubt, elles sont très inexactes; ce qui prouve que le docteur Shaw s'est plus d'une fois contenté d'enregistrer dans son ouvrage les renseignements erronés que lui fournissaient les indigènes.

Aujourd'hui nous savons que les ruines désignées par le mot berbère *Tattubt* ou *Tattubet*, qui signifie *ail*, sont les restes d'un poste militaire situé à quatorze lieues de Constantine, vers le sud, entre le Djebel-Guerioun et le Djebel-el-Hanout, sur la rive gauche de l'Oued-Lercha. On les divise en deux parties : le grand Tattubt et le petit Tattubt.

A. CHERBONNEAU.

ESSAI

SUR LE

MADR'ASEN.

Le monument que, dans la province de Constantine, beaucoup de personnes désignent à tort sous le nom de *tombeau de Syphax*, est appelé par les arabes *Madr'asen* مدغاسن Il a été appelé de diverses manières : *Médrachem*, par MM. Dureau de la Malle, Peyssonnel, Mannert et autres; *Madrazen*, par le général Carbuccia; *Medr'acen*, par M. H. Fournel; *Medghassem*, dans les renseignements statistiques fournis par les bureaux arabes et imprimés par ordre du Ministre de la guerre; enfin *Maïdgh-Assem* dans la carte de l'Algérie qui accompagne ces renseignements, par M. Carette. C'est aux personnes versées dans la langue berbère qu'il convient de fixer ce nom et d'en examiner la signification.

On s'explique difficilement comment il se fait que, connu comme il l'est depuis plus de cent ans, ce monument n'ait encore été l'objet d'aucune étude sérieuse. Cela tient, sans doute, aux récits mêmes des voyageurs qui l'ont fait connaître, récits dans lesquels il n'était pas possible d'en soupçonner la haute antiquité, ni les caractères qui pouvaient éveiller l'intérêt et l'attention du monde savant. Ces récits, faits par des voyageurs qui avaient une mission scientifique, devaient faire supposer que leurs auteurs avaient les connaissances nécessaires pour parler des objets qu'ils visitaient, et que tout ce qui était digne de remarque serait le sujet de leurs investigations et par conséquent signalé par eux. On les a accueillis avec confiance, et comme les descriptions techniques ne présentaient rien de nouveau au point de vue de l'art et de la science historique, on s'est borné à constater l'existence et la singularité d'un monument qu'on ne croyait pas capable d'apporter la lumière sur une époque condamnée à une éternelle obscurité.

Selon les voyageurs du dernier siècle, la construction du Madr'asen ne remonterait pas au delà du IIe siècle avant J.-C., puisqu'ils le considèrent comme étant le lieu de sépulture des rois de Numidie, dont la monarchie, pour eux, commence à Masinissa et à Syphax. Cette assertion prend une certaine consistance quand Peyssonnel vient dire que les colonnes qui décorent l'extérieur du monument sont d'ordre toscan, dont la composition est de beaucoup postérieure aux pilastres étrusques qui font la base de l'ornementation architecturale dans cette partie de l'Italie qui fut d'abord l'Etrurie et ensuite la Toscane.

Les monuments anciens, où l'ordre toscan a été employé, ne sont pas, en général, de nature à exciter un puissant intérêt, car ils appartiennent à des époques dont la science est en mesure de pénétrer tous les secrets : ils n'ont point, ou ils n'ont que peu de révélations à faire. De là, très probablement, l'indifférence des savants à l'égard du Madr'asen. Mais cette indifférence cessera lorsque l'on saura que s'il n'est pas absolument contemporain des merveilles monumentales de l'Egypte, il est peut être le seul édifice, encore debout, qui marque la transition entre l'art égyptien et l'art grec.

Des voyageurs ont dit au dix-huitième siècle, et de nos jours, des hommes dont on vante la science, ont déclaré qu'il n'y avait pas d'inscriptions sur les murs du monument. C'est une grave erreur : tous les entrecolonnements étaient chargés d'hiéroglyphes, de caractères étranges que le temps a presque effacés. Pourtant il en reste encore assez de traces pour qu'ils puissent être soumis à l'examen des savants spéciaux.

La forme du Madr'asen se retrouve encore dans les plus anciens monuments de la haute Asie, de l'Indoustan et de l'Amérique.

Quant à la décoration de ce qu'on peut appeler le soubassement, ce sont des colonnes engagées, et non pas des pilastres ; ces colonnes, à cause de l'absence de bases, rappellent celles des temples égyptiens et ne laissent aucun doute sur leur origine ; mais le chapiteau, à cause de la courbure parabolique si ingénieusement calculée de *l'échine* et du *tarabiscot* qui la sépare du *tailloir*, c'est déjà de l'art grec. Les cannelures méplates et à vives arêtes du *dorique grec* n'existent pas encore, non plus que les triglyphes de la frise et de l'architrave, cet architrave est entièrement nu. La cimaise, qui doit quelques siècles plus tard, séparer le corps des triglyphes, des gouttes pendantes, n'est encore qu'une baguette demi-ronde, ou astragale, qui sert de point de départ à la grande gorge qui forme la corniche. Cette gorge, elle même, suffirait seule pour déterminer le caractère égyptien de la décoration, alors qu'on voudrait la contester dans les autres parties.

Au temple d'Esculape à Lambèse (178 de notre ère), les colonnes ont sept diamètres et demi de haut (15 modules) ; l'entablement est mesquin en proportion des colonnes.

Au Madr'asen, comme au temple de Neptune à Pæstum, les colonnes sont coniques, et leur diamètre a un tiers de moins en haut qu'en bas (8 modules). Cette diminution que l'on trouve excessive à Pæstum, surtout losrque de l'intérieur de la cella, on regarde l'entrecolonnement se dessiner sur le ciel, est, au contraire, d'un très heureux effet à l'extérieur, effet dont le Madr'asen profite sans en subir les désavantages. D'un autre côté, la forme pyramidale de la partie supérieure de l'édifice fait que les proportions coniques des colonnes ne sont nullement exagérées.

Si les voyageurs qui ont visité le Madr'asen, se sont si grossièrement trompés sur le genre d'architecture dont il est décoré, s'ils en ont méconnu le véritable caractère, s'ils n'en ont pas soupçonné la haute antiquité, ils n'ont pas été plus exacts dans les dimensions qu'ils en ont données; et, dès lors, la similitude que sur la foi de tels renseignements, l'on dit exister entre lui et le *K'eber-Roumîa* du Sah'el d'Alger, est au moins hasardée. S'il est vrai, ainsi que l'assure M. Dureau de la Malle, d'après le plan d'un officier d'état-major, que ce dernier monument ait 90 pieds de haut, il aura ainsi un tiers de plus que le Madr'asen, que M. Henri Fournel (1) n'hésite pas, après les avoir vus tous deux, à déclarer beaucoup plus important; et, dans ce cas aussi, il faut rejeter la conjecture de M. Louis Marcus et l'analogie des pierres posées les unes sur les autres par Jacob et par Laban.

Persuadé qu'un jour je verrais ce fameux Madr'asen, j'avais, pendant la première année de mon séjour en Afrique, voulu me rendre compte de sa forme et de son ensemble, en en faisant un dessin d'après les dimensions données par Peysonnel. Hélas! j'avais une singulière composition sous les yeux et je me doutais bien qu'il devait y avoir à ce sujet de graves erreurs. En effet, lorsque je vis enfin ce monument il ne m'était plus possible de reconnaître celui du récit de Peysonnel : tout était étrangement défiguré. Je me suis mis à relever toutes les mesures, pierre par pierre, avec une scrupuleuse exactitude, de manière à faire les rapprochements et les comparaisons qui pouvaient confirmer la haute antiquité que je lui attribuais en l'examinant.

Voici, au surplus, les données de Peysonnel, comparées aux mesures et aux résultats de mon relevé :

1° « C'est, dit ce voyageur, un grand corps de bâtiment rond de six cents pieds de circonférence. »

(1) Richesses minérales de l'Algérie.

Moi, j'ai trouvé 55 mètres 08 de diamètre; environ 172 mètres de circonférence, ou 530 pieds.

2° « Soixante pilastres d'ordre toscan. »

Ces pilastres sont des colonnes engagées, taillées dans la masse, bien des siècles avant la composition de l'ordre toscan.

3° Les pilastres sont « hauts de vingt-cinq pieds, avec *leurs corniches.* »

Qu'entend-on ici par corniches? Ce ne peut pas être celle de l'entablement, puisque le mot est employé au pluriel. Il s'agit certainement du chapiteau. On veut donc dire que les colonnes, avec leur chapiteau, ont 25 pieds de haut (un peu plus de 8 mètres).

Moi, j'ai trouvé pour la colonne 2 mètres 20, et pour le chapiteau 0 mètre 40, ce qui fait en tout 2 mètres 60, ou 8 pieds environ au lieu de 25.

4° « L'édifice se termine en pyramide par 32 degrés en pierre. »

Il n'y a jamais eu que 23 degrés. L'erreur vient, sans doute, de la transposition des chiffres.

5° « Ces degrés ont chacun 2 pieds d'élévation sur 2 pieds et demi de largeur. »

J'ai trouvé 0 mètre 58 de haut (1 pied 8 pouces) et 0 mètre 98 de large (3 pieds).

6° « La masse totale a près de 90 pieds de haut. »

J'ai trouvé 18 mètres 60 (57 pieds 2 pouces).

Comment peut-on parler maintenant d'une similitude complète entre le Madr'asen et le K'eber-Roumiâ *(tombeau de la Chrétienne)*, quand on raisonne d'après de telles erreurs?

M. Dureau de la Malle adoptant, avec raison, l'opinion de Jacques Bruce, admet que le Madr'asen peut avoir été le tombeau des rois de Numidie. Mais alors, comment soutiendra-t-il que ce passage de Pomponius Méla : *Monimentum Commune regiae gentis*, doit s'entendre comme désignant le monument commun de la famille royale régnant en Numidie et en

Mauritanie ? Pomponius a certainement voulu dire que c'était là (le K'eber-Roumiâ) le monument commun de la race royale, régnant en Mauritanie ; de même qu'il aurait dit, en voyant le Madr'asen, que c'était le monument destiné à la sépulture commune des rois de Numidie. Cette supposition est vraisemblable ; et si l'on parvient a déchiffrer quelques-unes des inscriptions hiéroglyphiques qui couvrent les entre-colonnements du pourtour, si des fouilles habilement dirigées et exécutées pour pénétrer dans l'intérieur, peuvent révéler des faits relatifs à l'ancienne monarchie des Numides, on arrivera à savoir positivement que la Mauritanie et la Numidie étaient jadis deux royaumes séparés, gouvernés par deux dynasties parfaitement distinctes.

Dans la persuasion que ce monument renferme des trésors considérables, les Arabes ont cherché à pénétrer à l'intérieur, en pratiquant des brèches qui ont amené des écroulements assez importants pour les faire renoncer à leurs cupides recherches. Ces brèches n'ont pas été poussées jusqu'au quart du diamètre ainsi que le prétend Peyssonnel. Dépourvus du matériel nécessaire pour entreprendre un pareil travail, pour remuer les masses énormes employées dans cette construction, les Arabes n'ont pas pu avancer au delà de trois mètres, sans que l'écroulement se produisit ; il est même présumable que ceux qui avaient entrepris cette dévastation ont du laisser quelques uns des leurs, victimes de leur sacrilège entreprise. On a dit, et ce bruit est généralement accrédité, que Salah-Bey, qui gouvernait pour les Turcs la province de Constantine, à la fin du siècle dernier, avait aussi voulu pénétrer dans l'intérieur, en s'ouvrant un passage à coups de canon. J'ai cherché vainement la trace de ses boulets, et je crois que l'on a voulu, à ce sujet, faire un conte dans le genre de celui raconté par Peyssonnel sur la fontaine qui ne coule que les vendredis, et de celui sur le dévouement héroïque de la fille de Bou-Aziz, qu'il appelle Boisis, et qui offrait le lait de ses mamelles à celui qui voudrait la suivre à la guerre.

M. le général Carbuccia a fait exécuter quelques fouilles au Madr'asen ; on y aurait trouvé un caveau qui ne renfermait que quelques ossements humains ; et on a conclu de cette tentative qu'il n'y a rien à découvrir, et que les dépenses que l'on pourrait faire à ce sujet, seraient faites en pure perte. Ce n'est pas à moi qu'il appartient d'apprécier les fouilles faites sous la direction de M. le général Carbuccia. Le monde savant est édifié sur ce point ; l'appréciation a en été faite par des hommes compétents, et elle est implicitement consignée dans les rapports de l'Institut.

Dans sa séance du 11 avril 1851, l'Académie des Inscriptions et Belles-lettres, avait à se prononcer sur le mérite des travaux archéologiques de M. le général Carbuccia. Le rapporteur de la commission constate que les fouilles opérées au *Madr'asen* « ont amené la découverte d'un caveau et ont permis de faire » des dessins complets de ce curieux édifice, qui n'a pas moins » de 170 mètres de circonférence, et 19 mètres 20 de haut (1). » On a trouvé dans l'intérieur des ossements humains. »

Je ne connais nullement le travail de M. Carbuccia. Seulement j'ai pu m'assurer par moi-même de la manière dont cet officier-général a fait exécuter les fouilles dans la circonscription soumise à son commandement, et j'ai compris tout ce qu'il y avait de sage et de prudent dans le laconisme même des rapports de l'Institut. Néanmoins les services rendus par M. Carbuccia aux sciences historiques sont incontestables et les encouragements lui ont été décernés avec justice et intelligence. Mais les travaux entrepris par ordre de M. Carbuccia au Madr'asen ont-ils été complets ou au moins sérieux ?

Les traces que j'en ai vues ne m'ont pas paru très signifi-

(1) Nous ne sommes pas tout à fait d'accord sur la circonférence et sur la hauteur, mais je m'en tiens à mes chiffres : 172 mètres de circonférence et 18 mètres 60 de haut.

catives. Selon moi, rien de régulier n'a été entrepris ni exécuté sur ce point; aucun document authentique ne le vient constater. En conséquence, pour moi, et même d'après le rapport de l'Institut que j'ai cité plus haut, tout est à faire au Madr'asen; les secrets qu'il renferme ne sont pas tous anéantis; les sciences historiques doivent gagner, dans les fouilles que l'on peut encore y faire, de précieuses révélations. Sans doute, on n'y ramassera pas des trésors, mais ne peut-on pas espérer d'y découvrir des objets d'une plus grande valeur? Si on a vu réellement des ossements humains, ne peut-on pas y trouver des sarcophages avec quelques monuments épigraphiques?

Mais le caveau ouvert sous la direction de M. Carbuccia aurait donc été refermé avec un soin extraordinaire? Car j'ai bien cherché, et je n'ai rien aperçu qui pût me faire deviner la place où il doit être. Aurait-on qualifié de caveau, une excavation, à ciel ouvert, qui a rendu à la lumière un dallage orné d'une sorte de stuc en couleur? Ces essais de fouilles sont tout à fait en dehors de l'édifice; ils ne l'attaquent nullement. Quoiqu'il en soit, ce qu'il m'a été possible de voir, à travers les pierres écroulées, c'est une colonne engagée et faisant face à l'intérieur; ce qui peut faire supposer que, s'il y a des salles au centre, il doit y avoir également une galerie ou corridor qui circule autour de ces salles avant d'y arriver.

La porte d'entrée que l'on n'ouvrait, peut-être, que lorsqu'un personnage mort devait y être déposé, se trouvait à l'ouest. La place de cette porte est indiquée par deux fausses portes qui, avec la véritable, divisaient la circonférence en trois parties égales. La forme de ces fausses portes rappelle encore le style égyptien, et, si j'en juge par les dégradations qui ont fait disparaître entièrement la partie inférieure de ces fausses portes, la véritable devait être murée de manière à pouvoir être confondue avec les deux fausses.

Les tentatives pour pénétrer à l'intérieur, doivent remonter à une époque déjà ancienne, car, deux arbres séculaires s'élancent du milieu des pierres écroulées. Leurs troncs, en partie vermoulus, malgré la luxuriante verdure de leur branchage, attestent leur âge vénérable et rendent plus fantastiques encore les boulets de Salah-Bey.

Je n'ai certainement pas la prétention d'avoir fait une appréciation analytique complète du Madr'asen (1). Je voudrais néanmoins avoir été assez heureux pour le faire envisager sous l'aspect qui lui convient et avoir suffisamment indiqué l'importance que je lui crois.

Ce monument devait être une sépulture illustre : tous ceux qui l'ont visité, soit de nos jours, soit à des époques antérieures, l'ont jugé ainsi, et nul n'est venu contester cette opinion. Mais il est un fait qui, si un doute pouvait s'élever, viendrait le détruire et confirmer l'opinion générale. Les rois de la Numidie devaient habiter dans le voisinage : la tradition l'a déjà établi. Mais les mines nombreuses que l'on trouve dans les environs, jusqu'à une grande distance, semblent le prouver d'une manière irrécusable. A l'est, est le lac de Schemora, ou *Sebka-Djendeli*. Sur les bords de ce lac, et à l'opposé du Madr'asen, il existe un groupe considérable de ruines que les indigènes appellent *Enchir-Djendeli*. Pour moi, ces ruines doivent être celles d'*Ad-Lacum regium*, *la ville d'au-delà du lac royal*.

N'était-ce pas dans son voisinage que se trouvaient la demeure et le centre du gouvernement des rois de la Numidie? N'était-il pas évident aussi que dès qu'une ville put être nommée *Ad Lacum regium*, il fallait que le lac qui a déterminé ce

(1) M. Léon Rénier, qui visita le Madr'asen en novembre 1851, s'exprime en ces termes sur cet édifice extraordinaire : « J'ai visité le *Madracen*, monument funéraire des rois de Numidie, comparable aux pyramides d'Egypte, sinon par sa masse, du moins par sa forme, et qui leur est peut-être supérieur par l'élégance de sa construction. » (*Voir les rapports adressés à M. le Ministre de l'Instruction publique et des Cultes par M. L. Rénier; Paris, 1852*)

nom eût déjà, par une consécration séculaire, le surnom de royal, motivé, comme on n'en peut plus douter, par le séjour des rois? Enfin, puisqu'il est reconnu que les rois de ces pays, ainsi que les peuples soumis à leurs lois, n'ont jamais habité que sous la tente, et que, comme les indigènes de nos jours, ils n'employaient la pierre que pour couvrir leurs morts, il est encore évident que les seules ruines que l'on pouvait trouver de cette nation, ne devaient être qu'un tombeau. Le Madr'asen serait donc le seul monument qui nous reste de la monarchie des Numides et de leur histoire; de même que le K'eber-Roumiâ du Sah'el d'Alger serait un monument unique pour ce qui concerne l'ancien royaume de Mauritanie.

Le séjour des rois Numides dans la contrée s'explique par la merveilleuse beauté des sites, par la richesse et la fécondité du sol et par la salubrité et la température comparées à celles du littoral d'un côté, et celle du Sahara de l'autre. En effet, lorsque l'on est monté sur la plate-forme du Madr'asen, un panorama comparable à tout ce que l'imagination la plus riche, la plus fantasque peut rêver de fabuleux, se développe à l'œil; à l'ouest, les montagnes qui dominent le col sur lequel il est situé, semblent se ranger pour laisser apercevoir une suite profonde de plaines accidentées par une infinité de mamelons pittoresques, par des espaces arides et brûlés, par des fonds marécageux à verdure phosphorescente, par de vastes champs, où les arabes du Sahara viennent échanger les dattes de leurs palmiers contre les céréales du Tell. Si l'on fait revivre par la pensée toutes ces villes innombrables dont le sol est littéralement jonché, ce sera plus immense que la Thébaïde avec ses nômes. Mais le désert ne s'y révèle que par un horizon merveilleusement enflammé, découpé par les crêtes du Belezma et des derniers rameaux de l'Atlas, dont chacun a un nom appartenant à la mythologie encore inconnue des Numides.

A l'est, c'est le lac de Schemora, le Bou-Arif avec ses grandioses et pittoresques sauvageries; au loin, l'interminable plaine des Haraktas, le Djebel-Guérioun, le Lemsen, et le pic qui fut autrefois la tour de César. Au sud, un magnifique rideau de montagnes, couvertes de gigantesques broussailles, semble un admirable frontispice à la plaine d'El-Madère. Un pays aussi beau, aussi favorisé, pouvait bien être choisi pour être la résidence des rois et le centre de leur gouvernement.

Sous les Romains, la civilisation s'y montrait dans tout son éclat; c'étaient ses arts, son luxe, sa littérature; mais en même temps une loi impériale a interdit l'Afrique aux exilés, parceque, disait le législateur, « ils y eussent trouvé les habitudes, les plaisirs et le langage de Rome. »

F. BECKER.

NOTA. — Le mémoire ci-dessus a été offert à la Société archéologique de la province de Constantine par M. Becker, ancien architecte, et lu dans la séance du mois de mars 1855. On nous apprend que l'auteur est mort à Batna dans le courant de la même année. *(Note de la rédaction.)*

LES RUINES DE CARTHAGE

D'APRÈS LES ÉCRIVAINS MUSULMANS.

Le monde, jadis habité par les générations ensevelies sous le sol qui porte les nations vivantes, est le domaine de l'archéologie, et l'archéologie, dans la généralité de son acception, comprend l'étude de l'antiquité toute entière par les monuments et par les textes, qui se prêtent un mutuel secours. C'est sur cette science que l'histoire fonde ses plus positives certitudes. Tandis que l'une fouille dans la poussière des temps passés, l'autre y retrouve les princes et les peuples, l'époque, la place et les actions de chacun d'eux. Et, comme l'a dit un écrivain, à moins de nier l'utilité de l'histoire, on ne peut mettre en doute l'utilité de l'archéologie.

Quel ne dut pas être l'étonnement des Arabes, lorsque l'ardeur du prosélytisme les jeta tout-à-coup hors de leur péninsule, qui demeurait depuis des siècles comme séparée du reste de l'univers? De quel œil virent-ils les merveilles des civilisations éteintes? Comment s'expliquèrent-ils le problème de l'antiquité? Il serait intéressant de rechercher leurs impressions dans les auteurs que nous avons entre les mains, et d'examiner s'ils étaient enfin parvenus, à l'aide de l'érudition, à comprendre la constitution sociale des Grecs, des Romains et des Phéniciens. J'ai compulsé les livres des voyageurs, des géographes et des historiens, dans l'espoir d'éclairer un peu la question. Quelques-uns, animés par le sentiment du beau, nous ont laissé des descriptions détaillées des édifices antiques. D'autres, entraînés par la curiosité dans le champ des investigations, mais privés du flambeau de la critique, ont essayé de rattacher à des évènements les objets d'art qu'ils contemplaient. Ils ont vu leurs efforts s'égarer dans le mirage séducteur de la légende. C'est que les Arabes ont un penchant naturel à observer la réalité en visionnaires.

De même qu'ils n'étudient point les secrets de la création, de peur de porter dans les mystères dont Dieu s'est réservé le mot, un regard téméraire et impie. De même ils examinent les phénomènes du génie humain sans concevoir que les premières nations leur étaient supérieures sous le rapport des arts, de l'industrie et de la littérature. Plutôt que d'apprendre les annales du passé, ils acceptent sans examen les récits enfantés par l'ignorance de leurs ancêtres, et le savant le plus estimé chez eux est celui qui a la patience de se faire l'encyclopédiste des erreurs traditionnelles de la nation. Aussi, les monuments dont on rencontre la description dans leurs ouvrages, semblent avoir été vus à travers le prisme de la légende, comme s'il suffisait dans la religion mahométane d'avoir de l'imagination pour comprendre tout ce qui s'est produit sur la face de la terre depuis son origine. Pour les Arabes, inventer c'est prouver; et nulle démonstration scientifique n'aurait la chance d'être accueillie avec autant de confiance qu'une narration basée sur la puissance des génies ou les miracles d'un marabout.

Un exemple entre mille. Je prends Carthage dont les ruines furent visitées à différentes époques par El-Bekry, El-Abdery, Ibn-Chemmâ et Ibn-Abou-Dinar. Voici des hommes d'un esprit peu commun, quoique imbus de préjugés. Ils se proposent de raisonner et de discourir sur les restes d'une grande cité qui fut la rivale de Rome. Savent-ils seulement ce que fut autrefois *Carthadjéna* ou *Karthakhéna*, comme ils l'appellent?

Ont-ils une notion exacte de sa grandeur, de ses guerres et de sa chûte? Le nom du peuple vainqueur paraît être le seul document authentique qui soit arrivé jusqu'à eux. Ils ont appris vaguement que les *Roum* ou Romains eurent des établissements dans le nord de l'Ifrikia et que cette ville en fut la métropole; si vaguement en effet, que Ibn-Abou-Dinar, le chroniqueur moderne de Tunis, n'hésite pas à écrire : « Les historiens Chrétiens disent que le souverain de l'Afrique résidait à Carthage, et que cent mille villes ou places fortes lui obéissaient. » Le même auteur, auquel on est en droit d'attribuer une instruction plus complète, en raison des riches matériaux qu'il eut à sa disposition, résume ainsi d'une manière confuse la période des guerres puniques sans se douter que, victime d'innombrables vicissitudes, Carthage naquit deux fois pour périr deux fois : « Lorsque les Carthaginois voulurent porter la guerre en Italie, ils ne prirent qu'un homme et un dinar par ville. Ils s'y rendirent par l'Espagne qu'ils conquirent ainsi que la Gaule. Leur prince mit le siège devant Rome. Alors le chef des Romains envoya des troupes par mer en Afrique pour attaquer Carthage. Il y eut une grande bataille sur les bords de l'Oued-Medjerda. Les Carthaginois avaient quatre-vingt mille hommes de cavalerie sans compter les fantassins. Cette diversion des Romains avait obligé le prince des Carthaginois d'abandonner l'Italie et de revenir en Afrique. »

Le lecteur serait trompé dans son attente s'il espérait trouver plus d'exactitude dans l'énoncé des origines de la cité Phénicienne.

Indépendamment de ces données, il ne faut plus rien demander aux auteurs musulmans : leur science ne va point au delà. Ce qu'ils racontent se borne, tantôt à de minutieuses monographies, tantôt à des aperçus extrêmement concis. El-Bekri exhale son admiration en ces termes : « Si l'on allait à Carthage tous les jours de sa vie, on y trouverait chaque jour des choses merveilleuses. » Aboulféda se contente de citer un passage du *Mochtarek* qui rapporte, qu'auprès de Tunis est une ville en ruine, appelée *Cartadjéna*, et où se trouvent des monuments antiques. El-Abdery, au contraire, consacre à ces restes mémorables un chapitre d'observations qui n'a point encore été traduit, et dont la substance vient ajouter une grande valeur à mon assertion. S'appuyant d'ailleurs sur les renseignements fournis par son devancier El-Bekri, il fait la peinture suivante de l'aqueduc et des carrières de la vieille capitale de l'Ifrikia : « L'eau vient des hauteurs situées au midi et n'arrive à Tunis qu'après avoir traversé, dans un parcours de deux journées de marche et peut-être plus, des vallées profondes et des montagnes escarpées. Pour obtenir un niveau parfait, il a fallu percer des collines et des rochers, il a fallu jeter sur les bas-fonds des ponts à plusieurs étages et construits en pierres de grand appareil. L'aqueduc passe derrière les remparts, puis, prenant la direction de l'occident, vient aboutir à *Carthadjéna* : ce qui fait encore une distance de douze milles arabes. Carthadjéna a été, dit-on, une des villes les plus belles et les plus merveilleuses de la terre; elle était décorée de monuments magnifiques, comme l'attestent les restes de l'aqueduc. Ses carrières sont renommées; de tout temps, on en a tiré du marbre pour toutes les cités de l'Ifrikia (Afrique septentrionale), sans jamais les épuiser. Aujourd'hui, Carthadjéna est complétement ruinée : il n'y demeure pas une seule âme. Les Tunisiens s'y rendent souvent par curiosité et par dévotion. Entre les deux villes, les arcades sont hors de service. Cet aqueduc, que la solidité et l'élégance de son architecture mettent au-dessus de toute description, est généralement désigné par le nom de *hanaya*. La chronique rapporte qu'il coûta aux *Roum* (Romains) quatre cents ans de travaux et d'efforts. Mais cela me paraît une exagération. Abou-Obeid-el-Bekri est plus digne de foi, quand il affirme qu'il n'a pas fallu plus de quarante ans pour achever la maçonnerie et niveler parfaitement la conduite d'eau, parce qu'on connait après tout le génie des Romains, et les ressources dont ils pouvaient disposer. Un des émirs de Tunis, le frère du prince régnant, s'étant vu dans la nécessité de faire réparer quelques arches de l'aqueduc, aux abords de la ville, pour ramener les eaux dont le cours s'était trouvé interrompu sous le règne de son prédécesseur, s'épuisa durant plusieurs années en efforts inouis, sans atteindre à la perfection de l'œuvre ancienne. Tout ce qu'il put faire avec ses faibles moyens, fut d'exécuter quelques raccords dans la maçonnerie. »

Ibn-Abou-Dinar rapporte en effet que ce fut le sultan Abd-Allah-Mohammed-el-Mestamer, qui restaura, en 666 de l'hégire (de J.-C. 1268), une partie de l'aqueduc dont il dirigea les eaux vers son jardin d'Abou-Fahr, aujourd'hui El-Bathem, mais qu'il n'en releva qu'un petit nombre d'arches avec du pisé.

Depuis l'invasion musulmane, Carthage est généralement appelée *Maallaka*, du nom d'un château à plusieurs étages bâti sur la mer. El-Bekri parle de deux autres édifices, le Théâtre et les Thermes, qu'il désigne même par les mots grecs figurés en lettres arabes : mais on ne peut s'empêcher de le taxer d'exagération lorsqu'il vient dire que les Thermes renfermaient des colonnes de marbre très hautes et sur le chapiteau desquelles dix hommes pouvaient s'asseoir autour d'une table.

Pour ce qui frappe les regards, on admettra volontiers que la sagacité des voyageurs arabes a émis des interprétations à peu près satisfaisantes, et que les erreurs dans lesquelles ils sont tombés ne proviennent que de leur ignorance en architecture. La critique moderne est forcée de se montrer moins exigeante, si elle tient compte de la différence qui existe entre les édifices musulmans et ceux du monde romain. Mais ce qu'il lui appartient de relever et de combattre avec les armes de l'histoire, ce sont les énormités par lesquelles des érudits de Tunis ont osé, au mépris de la vraisemblance, prouver l'antiquité de Carthage.

On sait que les Carthaginois suivaient les coutumes, les mœurs et la religion des Phéniciens dont ils tiraient leur origine. Leur capitale s'appela d'abord Charthada ou Kartha-Hadath, ville neuve, en grec Karkêdôn, en latin Carthago. La naissance de cette fille de Tyr, malgré des fables trop facilement accréditées, est due à la reine Didon, qui y transporta une colonie, l'an 860 avant Jésus-Christ. Hérodote et Thucydide, les seuls grands historiens qui aient connu la période florissante de Carthage, au temps de l'empire des Perses, ne présentent que quelques documents jetés comme au hasard sur cette nation. C'est à Justin, l'abréviateur de Trogue-Pompée, que nous devons un aperçu suivi des premiers temps de Carthage et de son premier accroissement ; cependant ses récits ne laissent pas d'offrir une foule d'invraisemblances. En 163 de J.-C., Salluste, étant gouverneur de Numidie, se fit expliquer, comme il le déclare lui-même, les livres qui contenaient les annales de cette ville célèbre, et en tira plusieurs renseignements précieux pour la description de l'Afrique qui précède sa *Guerre de Numidie.* Malheureusement l'orgueil national lui fit négliger la patrie d'Annibal. Il aima mieux la passer sous silence que d'en dire trop peu de choses. *Silere meliùs puto quàm parum dicere.*

Quels qu'aient été la première origine et le vrai fondateur de Carthage, la situation et les principales localités de cette ville ne sont pas inconnues. Elle était construite dans l'intérieur d'un vaste golfe formé par les caps Bon à l'est et Zibib à l'ouest (le golfe actuel de Tunis). Au fond de cette baie se trouve une presqu'île d'environ 15 lieues de circonférence, liée au continent par un isthme large d'environ une lieue. C'est sur cette langue de terre qu'était bâtie Carthage, pour ainsi dire entre Utique et Tunis, qu'on apercevait toutes deux de ses murailles. Un triple rempart de 70 à 80 pieds de haut et de 30 pieds de large la défendait contre toutes les attaques.

Loin de moi la pensée d'entrer dans aucun détail sur les

guerres puniques qui durèrent de 264 à 146 avant J.-C. Je me bornerai à ce qui concerne notre sujet. La troisième de ces luttes acharnées commence l'an 150, après que les consuls de Rome eurent frauduleusement désarmé les Carthaginois. Ceux-ci résistèrent néanmoins pendant trois ans, avec le courage du désespoir, et ce fut seulement l'an 146 que fut prise et détruite la capitale phénicienne de l'Afrique. Elle avait subsisté 732 ans. Moins de quinze ans après sa destruction (132), le tribun du peuple C. Gracchus y conduisit une colonie de six mille hommes ; mais il parait que les colons romains se montrèrent d'abord plus occupés de tirer profit du riche territoire de Carthage que d'en relever les édifices ; aussi, quarante-trois ans plus tard (89), Marius proscrit put venir chercher, au milieu de ses débris, un asile que ses ennemis lui refusaient. Sous les empereurs elle acquit une telle importance qu'elle passait pour la seconde ville de l'Occident, et dans le IVe siècle de l'ère chrétienne elle était le chef-lieu du diocèse d'Afrique, Le gouverneur-général y avait sa résidence. Elle possédait une manufacture impériale d'étoffes précieuses, administrée par un *procurator*.

Les bâtiments de la nouvelle Carthage se faisaient admirer par leur splendeur et leur régularité. On y voyait des écoles et des gymnases. Elle fut encore embellie de magnifiques monuments par Dioclétien : mais les troupes de l'usurpateur Maxime, fils de Maximien, la ruinèrent presque entièrement. Relevée par l'influence protectrice de Constantin elle redevint plus que jamais florissante. L'an 610, la flotte de Carthage amena à Constantinople le jeune Héraclins qui fut proclamé empereur. Dans ces dernières années, ce prince vit naître la puissance menaçante des sectateurs de Mahomet ; et bientôt, malgré les efforts du patrice Jean, général de l'empereur Léonce, la capitale de l'Afrique passa pour jamais sous le joug des Arabes (698). Hassan, qui fit cette importante conquête pour le kalife Abd-el-Melik, détruisit de fond en comble cette cité réservée à tant de désastres. Pour la seconde fois, sa population fut dispersée. Elle avait duré 830 ans, depuis la colonie de C. Gracchus.

Sur ses décombres s'éleva une forteresse entourée de quelques habitations; et cette place de guerre ne fut point sans importance militaire, sous les dynasties arabes, qui envahirent successivement l'Afrique septentrionale.

Telle est en abrégé l'esquisse historique des ruines Carthaginoises. Cependant, les auteurs musulmans n'en ont rien su.

Le Koran, ce livre étrange, qui ne justifie en aucune manière l'admiration qu'il a inspirée à certains écrivains européens, loin d'apporter la lumière au peuple arabe lorsque celui-ci s'élança sur la scène du monde, proscrivit et stigmatisa la science comme une chose funeste aux âmes sincèrement dévotes. De là, cette ignorance presque complète des temps antérieurs qu'on remarque chez les docteurs de l'islam. De là, ce superbe dédain pour tout ce qui a précédé la venue de Mahomet. On dirait que l'effort constant que fait l'esprit humain pour fixer le passé, pour y trouver les leçons du présent et les espérances de l'avenir, est réputé sacrilège dans cette religion. Voyez en effet l'auteur du *Mounès fi akhbar Ifrikia ou Tounès*, qui professait pourtant une estime et un goût profonds pour l'histoire, et qui déclare même dans son introduction avoir consulté les Chrétiens sur les annales de l'antiquité! Que d'erreurs n'enseigne-t-il pas à ses coréligionnaires sous prétexte de leur expliquer les origines de Carthage? Il fallait qu'il n'eût aucune idée de la saine critique pour donner ainsi tête baissée dans des contes monstrueux, après avoir écrit solennellement en parlant de l'histoire : « Qu'il est merveilleux de voir se refléter, comme dans un miroir, tout ce qui a été dit, tout ce qui a été fait dans les temps reculés. « Quel rapport en effet existe entre la vérité et cette tradition incohérente à l'aide de laquelle il s'ingénie à prouver l'antiquité de Carthage? Je la transcris textuellement afin qu'on apprécie d'un même coup-d'œil et le caractère superstitieux de l'école historique au onzième siècle de l'hégire, et le penchant des premiers chroniqueurs à substituer des légendes sans fondement aux événements qui leur étaient étrangers. Voici les paroles d'Ibn-Abou-Dinar :

« Abd-Errahman-ben-Zaïd, encore jeune, se promenait un jour avec son oncle sur les ruines de Carthage, dont il admirait la grandeur, lorsqu'ils découvrirent un tombeau portant cette épigraphe en langue himiarite : « Je suis Abd-Allah-ben-Ouassi, envoyé de l'envoyé de Dieu, Salah. » Telles sont les paroles que des hommes dignes de foi assurent avoir entendu prononcer par Abd-Errahman. Quelques-uns ajoutent qu'il y avait à la suite de l'inscription : « Chaïban m'a envoyé aux habitants de cette ville avec mission de les appeler à Dieu. J'arrivai chez eux au commencement de la journée, et ils me mirent à mort injustement. Que Dieu les juge d'après leur conduite ! »

Puis, reprenant la chaîne des siècles, sa doctorale crédulité pose en manière d'argument irréfutable un récit puéril emprunté à ses devanciers, et que je me reprocherais d'avoir dérobé à la curiosité des lecteurs : « Lorsque Mouça-ben-Noceïr, dit l'auteur du *Mounès*, eut conquis l'Andalousie, on lui raconta qu'il existait dans cette contrée un cheïkh d'un âge extrêmement avancé. Il exprima le désir de le voir. Le cheïkh se présenta au général musulman : ses sourcils couvraient ses yeux. Mouça lui parla en ces termes : « Apprends moi combien d'années ont passé sur ta tête. » — « Cinq cents, répondit le cheïkh. » Mouça lui adressa encore d'autres questions auxquelles il répondit. Ensuite, il lui demanda le nom de son pays et combien de temps il y avait vécu. Le vieillard répondit : « Je suis de Carthage; j'y ai vécu 300 ans et 200 ans ici. » Mouça l'interrogea alors sur la fondation de Carthage. Le cheïkh lui dit : Carthage a été bâtie par ceux du peuple d'Ad qui échappèrent à la mort, lorsque Dieu fit périr leurs frères par la violence du vent. Elle fut ensuite détruite et resta mille ans en ruines. Nemrod-ben-Saoud-ben-Nemrod-el-Djebbar la releva, en se conformant à l'ancien plan. Comme il avait besoin d'y faire venir de l'eau douce, son père à qui il s'adressa, lui envoya des architectes et des ingénieurs qui firent les travaux que cette entreprise nécessitait. L'eau arriva en effet, mais ceux qui l'avaient obtenue n'en burent que pendant quarante ans. Son père régnait dans la Syrie et l'Irak; son oncle gouvernait l'Inde et le Sind. En creusant la place des fondations de l'aqueduc, on trouva une pierre sur laquelle on lisait en caractères anciens : *que la ville serait détruite lorsque le sel s'y formerait*. Or, un jour, en visitant une citerne à Carthage, je vis du sel attaché à une pierre; alors je quittai cette ville et je vins ici. Ceux qui crurent à la prophétie en firent autant. Tel fut le discours du cheïkh. Mouça lui demanda quel était l'âge du prince de Carthage, et il répondit qu'il avait 700 ans. »

Faut-il d'autres preuves pour démontrer que les écrivains arabes n'ont tenu aucun compte des siècles qui précèdent la venue de Mahomet, et qu'ils ont poussé le dédain ou le fanatisme jusqu'à négliger l'histoire des pays où devait se fixer le signe du croissant? L'exagération et l'absurdité de ces conteurs inventifs donnent largement la mesure de leur ignorance, et nous forcent à nous mettre en garde contre les récits qu'ils ont faits de leurs propres annales.

A. CHERBONNEAU.

INSCRIPTIONS LATINES

TROUVÉES A KRENEG.[1]

(PROVINCE DE CONSTANTINE.)

Désirant depuis longtemps visiter les ruines de Kreneg dont le nom latin Tiddis, respublica Tidditanorum (Annuaire de 1853) fut découvert en 1852 par deux archéologues distingués, MM. Léon Renier et Creully, je partis avec un de mes amis dans le courant du mois de septembre dernier, afin d'y recueillir les épigraphes qui auraient pu échapper à leurs investigations.

Par suite des fausses indications qui nous avaient été données sur l'emplacement de Tiddis, qui n'est séparé de Constantine que de 20 kilomètres, nous nous égarâmes pendant plus d'une heure à travers les champs, incertains de la direction que nous devions prendre. Enfin le hazard nous conduisit en vue et à peu de distance d'une haute montagne au sommet de laquelle nous reconnûmes, d'après la description qui nous en

(1) خنق, est le pluriel du mot خنقة, *Kranga*, qui signifie *col*, *gorge* La racine est خنق, *Kranag*, *étrangler*, serrer par le col. *(Note de M. Cherbonneau)*

avait été faite, les ruines de Tiddis. L'excessive chaleur de l'athmosphère jointe à la soif ardente dont nous étions consumés, nous en fit différer l'ascension. Un berger arabe, que nous rencontrâmes heureusement, eut l'obligeance de nous conduire auprès d'une fontaine où nous fîmes un frugal déjeuner. Non loin de cette source, sur un monticule peu élevé, nous aperçûmes les restes d'une construction antique. Le désir d'y trouver quelques monuments épigraphiques nous fit interrompre notre déjeuner pour aller les visiter, mais nous n'y trouvâmes que d'énormes pierres de taille et divers fragments d'architecture, renversés confusément sur le sol au milieu des buissons de jujubiers sauvages. Le versant de la colline où nous étions placés, fait face à la montagne de Kreneg. Sa surface est marquée de petites éminences sur lesquelles gisent des débris de constructions. L'existence de ces ruines, sur un terrain naturellement fertile qu'arrosent encore une foule de petites sources, me fait soupçonner qu'elles pouvaient bien être les restes de ces agréables villas dont les romains aimaient à environner leurs grands centres de population.

De là nous allâmes à un endroit qui devait évidemment être l'antique nécropole de Tiddis, car le sol y est jonché de toutes sortes de monuments funèbres que le temps a plus ou moins éprouvés. Là, c'est un cippe à moitié enfoui dans la terre, plus loin une stèle sculptée avec art et ornée de dessins variés ; partout une infinité de pierres tombales de diverses formes, mais généralement mutilées ou dans un état de dégradation complète. Nous trouvâmes cependant quelques-uns de ces monuments assez bien conservés, entr'autres les n°s 1, 2, 4 et 6 ; mais ils paraissaient avoir été exhumés depuis peu.

N'ayant à notre disposition aucun instrument pour nous aider à vaincre les obstacles que nous rencontrions à chaque pas, nous nous contentâmes de copier une vingtaine d'inscriptions : mais la plus grande partie n'étant pas complètes ou n'étant composées que de lettres douteuses, je me suis abstenu de les reproduire.

Le terrain sur lequel s'exécutait notre exploration, est situé en face et à 300 mètres nord-est de Kreneg. Sa superficie peut être évaluée à 10 ou 12 hectares que les indigènes ont mis en exploitation depuis longtemps. Il est traversé par une ancienne voie romaine encore en usage aujourd'hui, laquelle se dirige en droite ligne vers le nord, probablement sur *Chullu*, l'une des quatre colonies Cirtensiennes.

C'est à peu de distance de là que se trouvent les fameuses carrières d'où l'on extrayait l'argile propre à la confection des vases, des lampes funéraires et surtout des conduites d'eau, qu'une longue série de siècles n'a pu altérer.

Peu satisfaits des résultats de nos recherches, nous nous éloignâmes de ces lieux en marchant vers l'enceinte de Tiddis, dans l'espoir que la chance nous y favoriserait davantage, mais notre attente fut péniblement trompée, car noûs n'y aperçûmes aucun monument épigraphique, pas même ceux que MM. Léon Renier et Creully y avaient trouvés, trois ans auparavant. J'ai appris depuis que ces Messieurs avaient eu la précaution de recouvrir de terre ces quatre monuments afin de les préserver des injures de l'air.

Cette localité est comme Constantine située sur le couronnement d'une montagne environnée, du sud-ouest au nord-est, par le Rummel qui roule ses eaux tumultueuses dans un ravin profond. La crête qui regarde l'est est de même bordée d'infranchissables escarpements depuis le milieu de la montagne jusqu'au sommet. Le seul point accessible aux surprises de l'ennemi était le nord-est, où venaient aboutir les routes de Collo, de Rusicada et de Milev (1), mais les habitants avaient

(1) Ici vient se placer une observation très importante que nous empruntons au premier rapport adressé le 17 décembre 1852, à M. le Ministre de l'Instruction publique et des Cultes par M. Léon Renier, sur les villes dont les noms sont mentionnés : « Trois des inscriptions que j'ai re-

défendu ce côté par de solides remparts dont on aperçoit encore les traces sur quelques points.

En parcourant le plateau sur lequel était assise l'ancienne cité, j'ai pu remarquer qu'il n'avait jamais existé de fortifications sur le bord supérieur du ravin, ni de constructions importantes dans son voisinage. La masse des édifices, comme on peut en juger par les restes, était placée sur le versant nord-est de la montagne, c'est-à-dire vers l'unique point que la nature ait négligé de fortifier. Ainsi Tiddis, que sa position devait rendre inexpugnable, n'a jamais été une ville bien importante, du moins, sous le rapport de la population, car les ruines proprement dites ne couvrent guère qu'une surface de 10 hectares, le quart de celle du plateau. En dehors des ruines dont je viens de parler, on trouve sur la plate-forme une assez grande quantité de monuments isolés les uns des autres, mais complétement détruits. Parmi les objets intéressants que nous y découvrîmes, je citerai plusieurs colonnes appartenant à différents ordres, des chapiteaux, des corniches et des fragments d'architecture, ce qui me fait supposer que ces ruines appartenaient à des édifices publics.

Je regrette beaucoup de n'avoir pas essayé de gravir le mamelon cônique qui domine le plateau au nord. Peut-être aurions-nous vu à son sommet les restes d'une citadelle ou d'un poste d'observation; car de ce point, la vue se perd dans l'immensité de l'horizon. Mais épuisés de fatigue et torréfiés par l'ardeur du soleil, nous songeâmes à opérer notre retraite en suivant jusqu'au bas de la montagne l'ancienne route de

cueillies, dit le savant épigraphiste à la page 19, ont confirmé un fait que deux inscriptions de Constantine et une de Philippeville m'avaient déjà fait soupçonner, à savoir que les villes de *Cirta*, *Milev*, *Chullu* et *Rusicade*, bien qu'ayant chacune le titre de colonie, n'avaient cependant qu'un seul corps de magistrature, et représentaient, par la réunion de leurs territoires, celui qui avait été donné par César à Sittus et à ses partisans. »

(Note de la Rédaction)

Cirta, dont nous perdîmes les traces dans la vallée où elle a été recouverte par les alluvions.

Malgré le nombre limité d'inscriptions que nous avons recueillies, il n'en existe pas moins dans cette localité une foule de monuments qui méritent l'attention de l'archéologue. A Tiddis, comme partout où il y a des ruines considérables, les objets d'art, tels que les pierres tumulaires, les autels et les chapiteaux, gisent confusément sur le sol, exposés aux injures du temps ou sous d'énormes blocs de pierre qui les masquent et les écrasent. Il en est d'autres qui sont placés dans des terreins en exploitation. Ces derniers sont beaucoup plus exposés encore, car le soc de la charrue ne les épargnera pas. Il serait donc à désirer que la Société archéologique de la province de Constantine s'occupât activement de recueillir tous les monuments de quelque importance et de les rassembler, comme on l'a fait à Lambèse, dans un emplacement choisi au milieu des ruines mêmes, en attendant que les chemins de communication lui permettent de les transférer au Musée central de la province.

N° 1.

D. M.
Q. SITTIVS
C. FIL. QVIR.
VRBANVS
AED. Q. P.
QVAESTOR
V. A. LXXXXII
H. S. E.

Diis Manibus. Quintus Sittius, Caii filius, Quirina, Urbanus Aedilis quinquennalis perpetuus, quæstor, vixit annis LXXXXII. Hîc situs est.

Aux Dieux Mânes. Quintus Sittius Urbanus, fils de Caïus, de

la tribu Quirina, Edile quinquennal perpétuel et questeur, a vécu 92 ans. Il repose ici.

Stèle en pierre calcaire ayant 1 mètre 30 cent. de hauteur, et 35 cent. de largeur au centre ; sur un des côtés est sculpté en relief un vase funéraire qui ressemble assez bien à une de nos gargoulettes. Ce monument est dans un parfait état de conservation.

N° 2.

D. M.
SITTIA
Q. FIL.
FAVSTINA
V. A. XXIII.
H. S. E.

Diis Manibus. Sittia Quinti filia Faustina vixit annis XXIII. Hîc sita est.

Aux Dieux Mânes. Sittia Faustina, fille de Quintus, a vécu 23 ans. Elle repose ici.

Stèle en calcaire, couchée à quelques pas de la première dont elle a la forme à peu de chose près. Elle semble avoir été extraite du sol depuis longtemps, cependant elle est bien conservée. Un miroir en relief est figuré sur une des faces latérales.

N° 3.

D. M.
M. SITTIVS
M. FIL Q.
IMPETRA
TVS
V. A. LXXVI
H. S. E.

Diis Manibus. Marcus Sittius, Marci filius, Quirina, Impetratus, vixit annis LXXVI. Hîc situs est.

Aux Dieux Mânes. Marcus Sittius Impetratus, fils de Marcus, de la tribu Quirina, a vécu 76 ans. Il repose ici.

Ces trois monuments qui ont une analogie frappante sous le rapport de la coupe, appartiennent évidemment à la même famille et seraient par conséquent de la même époque. Le dernier est considérablement endommagé dans sa partie inférieure.

N° 4.

D. M.
MARIVS
RARIVS
V.A.XXXV
H. S. E.

Diis Manibus. Marius Rarius vixit annis XXXV. Hîc situs est.

Aux Dieux Mânes. Marius Rarius a vécu 35 ans. Il repose ici.

N° 5.

. . PVLIA. L. F.
. . . . . EMA SA
. . . . . DOS VE
NERIS

Apulia, Lucii filia, ... ema, sacerdos Veneris.

Apulia . . . . . ema, fille de Lucius, prêtresse de Vénus.

N° 6.

D. M.
SATVRNI
NVS. V. A.
LXXXXV.
H. S. E.

Diis Manibus. Saturninus vixit annis LXXXXV. Hic situs est.
Aux Dieux Mânes. Saturninus a vécu 95 ans. Il repose ici.

N° 7.

LOLIVS
PVNNA
V.A.XXII

Lollius Punna vixit annis XXII,
Lollius Punna a vécu 22 ans.

Pierre cassée aux deux extrémités. On remarquera le mot *Punna* qui est tiré de la langue des Numides.

J. MARCHAND.

Inscriptions inédites du Musée de Constantine.

(PLACE DU CARAVANSÉRAIL.)

N° 1.

D M
CORNELIA
MARCIA
V AXXXX

Diis Manibus Cornelia Marcia vixit annis XXXX.

Aux Dieux Mânes. Cornélie Marcia a vécu 40 ans.

Les *a* et les *m* affectent la forme de *lamdas* simples ou doubles.

N° 2.

D M
CO ❀ BETIVS
SEN ❀ IOR
V. A. XX
H. S. E.

Diis Manibus. Cobetius Senior vixit annis XX. Hic situs est.

Aux Dieux Mânes. Cobetius Senior a vécu 20 ans. Il repose ici.

Cette inscription se trouve sur une petite stèle assez bien conservée. Les lettres en sont mal faites, mais profondément gravées dans la pierre. Des feuilles en forme de cœur coupent en deux parties le nom et le surnom.

N° 3.

M. CAECILIVS.
M. F. CEISSUS.
V. A. LV
OS T B Q

Marcus Cæcilius Marci filius Ceissus vixit annis LV. Ossa tua benè quiescant!

Marcus Cæcilius Ceissus, fils de Marcus, a vécu 55 ans. Que tes os reposent en paix!

L'*s* qui suit l'*o* de la 4e ligne ne peut pas s'expliquer.

Bien que la pierre soit entièrement fruste, j'ai la certitude d'avoir bien lu le cognomen CEISSVS dont l'orthographe paraît douteuse.

N° 4.

M. SITI MA
RCELLUS V.A
XIX

Marcus Sittius Marcellus vixit annis XIX.

Marcus Sittius Marcellus a vécu 19 ans.

Le prénom Siti n'est pas écrit autrement qu'il est rapporté ici.

N° 5.

PANARIA
COMES
ASTICITA
V A IISST
T L

Panaria Comes Asticita vixit anno; hîc sepulta. Sit tibi terra levis!

Panaria Comes Asticita vécut un an et fut ensevelie ici. Que la terre te soit légère!

N° 6.

VALERIVS HELIAS
V. A. XXX
H S
O T B Q

Valerius Helias vixit annis XXX. Hîc sepultus. Ossa tua benè quiescant!

Valerius Helias a vécu 30 ans et fut enseveli ici. Que tes os reposent en paix !

Les lettres de la formule O T B Q sont disposées les unes au-dessous des autres sur une ligne verticale.

N° 7.

ANNIA
ROGATA
VISAXXXX
I X A

Annia Rogata vis (vixit) annis XXXX I X A.

Annia Rogata a vécu 40 ans.

Il m'est impossible de rendre compte des trois lettres qui forment la 4e ligne. C'est la première fois que je les vois sur une épitaphe.

N° 8.

SVINVIVMIT
ENIVS R . . .

Cette pierre a un mètre de longueur sur 0m 22 centimètres de largeur; les lettres ont 0m 7 centimètres de hauteur. L'inscription est trop incomplète pour que je puisse en hazarder la restitution.

N° 9.

. . AECILIO SEVEROV
CONSTAN

Cœcilio Severo v... Constantino.

Sur une pierre à peu près semblable à la précédente.

N° 10.

TOTIVS . - . . . .
M AVREL . . . .
BVNOLA . . . .
EQVITV . . . .
PROVIN . . . .
RVMINS . . . AVRBE . . . . . .
LEGATO PROVINCIAE . . . .
RVM SALARIAEQVE . . . .
LIGVRIAM LEGATO LEGS . . . . . .
VOLVMNIAE MODES . . . .
C. C. P. P. FILIIS EORVM . . . . .
PPORCIVS RVFVSE . . .
L

Pierre d'un mètre carré trouvée dans les décombres d'une maison de Constantine. Un profond martelage, pratiqué sur ce monument, a fait disparaître la plus grande partie de l'inscription.

N° 11.

OIVCR
A MFACIEMRES
VMBONIVSIVVAS
AFRICAM PROPR
AC DEDICANTE FLBARB
IVLVEROAPVLEIOET
PECVNIA PVBLI

Cette pierre, cassée en plusieurs endroits, présente à peu près la forme d'un losange.

II.

Inscriptions du Musée de Sidi-Maklouf.

N° 12.

MP NER . . . .
TRAIANO
SARI AVGGER
CICO P P P . .

Imperatori Nervae Trajano Cæsari Augusto Germanico Dacico patri patriae. Pecunia publica posuit.

A l'empereur Nerva Trajan César Auguste vainqueur des Germains et des Daces, père de la patrie. Ce monument fut élevé aux frais du trésor public.

Pierre en marbre trouvée dans les fondations de la maison de M. Espagno, près de la Poste.

La date de ce monument ne peut remonter plus haut que l'an 101 de notre ère, époque de la première expédition de Trajan contre les Daces. C'est au retour de cette expédition, qui eut pour résultat la soumission de Décebale, que Trajan prit le titre de Dacique.

N° 13.

D . M .
ROCCIA MATRONA
FILIA DVLCISSIMA
V. A. ET M III
ROCCIVS NOMVLVS
PATER
H S E

Diis Manibus. Roccia Matrona filia dulcissima vixit anno et mensibus tribus. Roccius Nomulus pater. Hic sita est.

Aux Dieux Mânes. Roccia Matrona, ma fille bien aimée, a vécu un an et trois mois. Roccius Nomulus, son père. Elle est placée ici.

Le deuxième jambage de la lettre M initiale de *Mensibus* est traversé d'une ligne parrallèle au premier. Les caractères de cette épitaphe sont petits, mais fort bien faits.

N° 14.

DIIS
MANIBUS
P. CAECILI
GAETVLICI
QVI V. A. XL

Diis Manibus Publii Caecili Gaetulici qui vixit annis XL.

Aux Dieux Mânes de Publius Cécilius le Gétule qui vécut 40 ans.

N° 15.

MEMORIAE CALPVR
NIAE MAXIME
V. A. LVI
H S E

Memoriae Calpurniae Maximae vixit annis LVI. Hic sita est.

A la mémoire de Calpurnia Maxima qui vécut 56 ans. Elle repose ici.

N° 16.

D M
P. SITTIVS
DATIVS
V. A. XXX
H. S. E.

Diis Manibus. Publius Sittius Datius vixit annis XXX. Hic situs est.

Aux Dieux Mânes. Publius Sittius Datius a vécu 30 ans. Il repose ici.

Ces quatre dernières inscriptions ont été tirées des décombres qui recouvraient le tombeau de Précilius, dont M. Cherbonneau a publié le premier la curieuse épitaphe dans l'Annuaire de 1853, page 110; les n°s 15 et 16 sont déposés dans la barraque en planches que M. le Maire de Constantine a fait construire pour protéger les belles mosaïques et les autres objets d'antiquité qu'on a trouvés dans l'hypogée de l'orfèvre centenaire.

N° 17.

D . M .
L. AGRIVS
CLODIVS
DEXTER
V.A XXXV

Diis Manibus Lucius Agrius Clodius Dexter vixit annis XXXV.

Aux Dieux Mânes. Lucius Agrius Clodius Dexter a vécu 35 ans.

Petite stèle en pierre calcaire trouvée sur le contre-fort septentrional de la ville, au-dessous de la poudrière civile. Il ne m'a pas été possible de la faire transporter au Musée parce qu'elle est placée dans un lieu presque inaccessible.

Ce monument épigraphique remonte à l'époque byzantine, comme le prouve le *lambda* substitué à l'L. (1re et 2e lig.)

N° 18.

D. M.
M. TITACI
VS FELIX
V. A. LXX
H. S. E.

Diis Manibus. Marcus Titacius Felix vixit annis LXX. Hic situs est.

Aux Dieux Mânes. Marcus Titacius Felix a vécu 70 ans. Il repose ici.

Epitaphe trouvée dans une maison de la rue du 26ᵉ de ligne.

N° 19.

D. M.
ROMA
NVS V
A XXI
H. S. E.

Diis Manibus. Romanus vixit annis XXI. Hîc situs est.

Aux Dieux Mânes. Romanus a vécu 21 ans. Il repose ici.

N° 20.

D. M.
IVLIVS VRBA
NVS V. A. XI
H. S. E.

Diis Manibus. Julius Urbanus vixit annis XI. Hîc situs est.

Aux Dieux Mânes. Julius Urbanus a vécu 11 ans. Il repose ici.

N° 21.

IVLIA MELA
NA V.A. LXXXX
H. S. E.
S. T. T... LEV..

Diis Manibus. Julia Melana (ia) *vixit annis LXXXX. Hîc sita est. Sit tibi terra levis!*

Aux Dieux Mânes. Julie Melanie a vécu 90 ans. Elle repose ici. Que la terre te soit légère!

L'écriture de cette inscription est une sorte de cursive.

N° 22.

VS SI
TACVS
V A XXI

....us Silacus vixit annis XXI.

....us Silacus a vécu 21 ans.

Ces cinq dernières inscriptions ont été trouvées dans les fondations d'une maison du faubourg du Coudiat-Ati. Elles sont placées sur de simples pierres plates un peu arrondies par le haut et à peine bouchardées.

N° 23.

D. M.
CAELIA
CILO PATRIA
V. A. LXXI
H. S. E.

Diis Manibus. Caelia Cilo patriâ vixit annis LXXI. Hîc sita est.

Aux Dieux Mânes. Caelia, née à Cilum (?), a vécu 71 ans. Elle repose ici.

N° 24.

D O N M
CLODIO
SATVRO FI
LIO DVLCIS
SIMO QVI
V. A. VIII

Deo optimo nostro maximo. Clodio Saturo filio dulcissimo qui vixit annis VIII.

A notre Dieu très bon et très grand. A Clodius Saturus, notre fils bien aimé qui a vécu 8 ans.

Ces deux monuments d'une apparence modeste sont déposés dans la cour de l'hôtel des Domaines.

N° 25.

P
HIC IACENT
VNTANCVS
ET INNOCENS
PARTIS TRIGART

Christo. Hîc Jacent Untancus et Innocens partis Trigarte.

Au Christ. Ici reposent Untancus et Innocent......?

Inscription chrétienne découverte à Sétif. En tête de l'épitaphe se trouve un P traversé par une ligne horizontale qui représente le monogramme du Christ. La 4e ligne me paraît difficile à expliquer.

N° 26.

D M S
SITTIA
SVCCESSA
V. A. LVI
H. S. E.

Diis Manibus sacrum. Sittia Successa vixit annis LVI. Hîc sita est.

Consacré aux Dieux Mânes. Sittia Successa a vécu 56 ans. Elle repose ici.

Cette pierre a été trouvée au pied du Coudiat-Ati, près du marché aux grains. Elle est déposée aujourd'hui dans le cabinet de travail de M. le Maire, avec plusieurs autres objets d'antiquités parmi lesquels se trouve un ceste en pierre d'un poids énorme et une petite stèle assez fruste, sur laquelle on remarque la figure d'une femme tenant d'une main un enfant et de l'autre un objet dont je ne connais pas le nom.

J. MARCHAND.

NOTICE

SUR DES INSCRIPTIONS LATINES

Découvertes récemment dans la Province de Constantine.

Les ruines d'Oudjel (Uzel, Uzelis), situées près de Mila, à 37 kilomètres ouest de Constantine, furent visitées, en 1851, par MM. Creully et De Neveu. C'est là que ces deux officiers virent les belles inscriptions qui ont été publiées dans notre Annuaire de 1853. La découverte du plus important de ces monuments, de celui qui donne le nom romain de la circonscription, est due à M. le colonel De Neveu, aujourd'hui directeur du bureau politique à Alger. Espérant qu'il y aurait à glaner de ce côté, je me rendis vers la fin de l'été à la maison de Messerly-Aly, qui domine l'ancien établissement des colons romains. Un jour m'aurait suffi pour recueillir les documents écrits et prendre quelques dessins, notamment celui de la porte principale, qui est encore debout; mais je n'abandonnai ma tâche que le surlendemain, après l'inspection minutieuse d'Oudjel et de sa nécropole, laquelle est recouverte d'une couche de terre peu épaisse. Voici les inscriptions que j'ai copiées dans ce lieu témoin de tant de désastres.

N° 1.

D. M.
SEXANNV
SEXENDVR
NOVELLVS
V.A.LXVIII.
H. S. E.

Stèle en calcaire bleuâtre renversée dans un ravin. Je laisse à d'autres le soin de traduire les deux premières lignes, dont la transcription est en tout cas très exacte.

N° 2.

D. M.
NIA. Q
IOSA. V. A
XXXV. H. S.
OTBQ.
SE†MVS. FI
C^{o}NIVGI. CAR

Pierre mutilée et faisant partie du pavage d'une cour. La 3e lettre de la 6e ligne forme une croix provenant sans doute de la réunion d'un T et d'un I. A la 7e ligne l'A et l'R de la syllabe CAR sont accolés l'un à l'autre.

N° 3.

L. GENVAS.
ADDITIT
EX. SVA. LI
ECIT. IDE

N° 4.

ORNATVM.
VAQVE.
TVS. EST.
H.L.D.D.D.

Fragment d'une double inscription gravée sur les deux faces opposées d'une pierre qui mesure 0^m 80^c de haut et 0^m 67^c de large. Les lettres ont 0^m 8^c de hauteur.

La dernière lettre de la 2e ligne du n° 3 est un T que les lésions de la pierre pourraient faire prendre pour un E. A la fin de la 4e ligne du même numéro, le lis E : mais j'avouerai que cette lettre, au premier abord, diffère peu d'un I.

A la 2e ligne du n° 4, on voit assez distinctement les restes d'un S, ce qui donne la lecture *Suâ que.* Les quatre dernières lettres de la 4e ligne signifient *locus datus decreto Decurionum* « emplacement accordé par un décret des Décurions. »

A 500 mètres environ du centre de la colonie d'Oudjel et à l'extrémité orientale de la nécropole, s'élève un rocher dont la surface, à peu près unie, porte dix épitaphes disposées en forme de tableau et décorées, la plupart, d'un croissant. Malheureusement, les hachures multipliées dont la pluie a sillonné cette liste funéraire m'ont empêché de la déchiffrer en entier : je n'ai pu en lire que trois d'une manière satisfaisante. En voici la copie :

N° 5.	N° 6.	N° 7.
D. M.	D. M.	GVRIA
VTANCINA.	IVLIVS.	QVINTIL
..VNI . FIL.	SEVEIVS.	LA. V. A.
VIXIT.A.LI.	VIX. AN.	XXXV.H.
H. S. E.	LXI.H.S.E.	E. S.

Quelques mois plus tard, M. Joffre, maire du Bou-Merzoug, m'ayant invité à une partie de campagne, j'eus le bonheur de découvrir dans son jardin, qui est situé entre le 16e et 17e kilomètre de la nouvelle route de Batna, à quelques pas seulement du village que les Français appellent *Kroub* ou *Kroubs*, altération évidente du mot arabe خروب « mâsures, maisons en ruines », une colonne ou borne milliaire en marbre blanc portant le nom ancien des habitants de la circonscription, avec la distance qui séparait leur ville de l'endroit où nous avons établi notre nouvelle colonie. Voici la copie exacte des lignes que j'ai pu lire sur ce monument, qui est d'ailleurs fort mutilé :

N° 8.

. . . .
MI. PARTHICI.
MAXIMI. BRITTANICI (*sic*)
MAXIMI. GERMANICI
MAXIMI. ADIABENCI
MAXIMI : : : : : : :
: : : : : : : : : : :
: : : : : : : : : : :
: : R.P. SILENSIVM.

XIII.

La partie supérieure de la colonne a été brisée, ce qui explique l'absence des premières lignes de l'inscription. D'après l'opinion de M. Léon Renier, ce monument remonterait au règne de Caracalla. Entre le dernier MAXIMI et le nom des habitants de la circonscription on compte deux lignes et demie martelées avec soin, qui contenaient les noms et les titres de son frère Géta. Quant au chiffre qui marque les milles, il est gravé en caractères deux fois plus hauts que ceux qui précèdent. Nous n'avons là que l'ethnique. Cependant, nous pouvons apprendre avec certitude le nom de la localité en consultant l'*Africa Christiana* de Morcelli, où il est dit : « *Silensis.* Ignota *Sila* est et à geographis prætermissa : quam tamen in Numidiâ fuisse ex notitiâ discimus. » *(tom. 1, p. 280).* Le même auteur attribue à l'église de *Sila* un évêque du nom de *Donatus*, qui figure le 82e sur la liste des évêques de la Numidie appelés en 484 par le roi Huneric au concile de Carthage *(loc. laud.)*

Mais où était l'évêché de Sila? J'eus d'abord l'idée d'en

fixer le siège à *Ksar Mahdjouba*, قصر محجوبة, petite ville en ruines assise sur un mamelon, à l'entrée du col de Bou-R'âreb, فج بو غارب, lequel se prolonge à l'est dans la direction de Guelma. Mais l'exploration raisonnée des régions environnantes me conduisit vers le sud à un défilé qui a conservé jusqu'à nos jours le nom du *Pagus*. Ce passage, resserré entre le mont Guérioun et la montagne des Oulad-Tsabèt, s'appelle *Fedj Sila*, فج سيلة; il aboutit à des ruines considérables qu'on traverse pour se rendre à Sigus. De l'église du Kroub à cet endroit, où sont massés les décombres de nombreux établissements agricoles, il y a trois lieues. C'est donc là qu'il faut placer nécessairement la ville dont la borne milliaire m'a révélé le nom.

A part cette découverte, qui nous permet de combler une lacune de la topographie Numidique, je n'ai rencontré dans la vallée du Bou-Merzoug et dans celle de l'Oued-Yakoub, qui lui est contiguë, que deux inscriptions tumulaires dignes d'être ajoutées à cette liste. La première, qui offre un exemple extraordinaire de longévité, contraste singulièrement avec l'insalubrité proverbiale du canton. Je l'ai trouvée sur un tertre, parmi les vestiges d'une place d'armes, qui protégeait autrefois les sources du Bou-Merzoug et le grâcieux *sacellum* dont elles étaient décorées. En voici la copie :

N° 9.

D. M.
C. IVLIVS
PACATUS
V. A.
CXX.

Dîs Manibus. Caius Julius Pacatus vixit annis 120.
« Aux Dieux Mânes. Caïus Julius Pacatus a vécu 120 ans ».

La seconde épitaphe, qui est d'une exécution parfaite sous le rapport de la sculpture, a été extraite par M. Morand des fouilles pratiquées dans son jardin de l'Oued-Yacoub, à droite de la voie romaine qui conduisait à Batna. Les 2 premières lettres du verbe qui termine l'inscription sont séparées des autres lettres par un défaut de la pierre, que j'ai représenté à l'aide de points. A la 7e ligne, le mot *carissime* porte un *e* au lieu d'un *a-e*. Je traduis ainsi l'épitaphe :

N° 10.

D . M .
ANTONIA.
MONNICA.
V. A. LXI. OTBQ.
VOLVMNIVS.
FELIX. MARITAE.
CARISSIME. STA
TVAM. ET. ARAS.
DVAS. VNO. NOMI
NE. SCRIPTAS. ME
RENTI. CO..NSTITV
IT.

Dîs Manibus. Antonia Monnica vixit annis 61. Ossa tua benè quiescant! Volumnius Felix maritæ carissimæ statuam et aras duas uno nomine scriptas merenti constituit.

« Aux Dieux Mânes. Antonia Monnica a vécu 61 ans. Que tes os reposent en paix ! Volumnius Felix a érigé à sa chère et digne épouse une statue et deux autels portant le même nom. »

Mahidjiba, que les indigènes appellent aussi Ksar-mahdjouba « le château de la récluse », est un groupe de ruines situé à 25 kilomètres à l'est de Constantine, sur la croupe d'un côteau devant lequel se déroule une longue plaine dont la fertilité forme un riant contraste avec l'âpreté et la nudité des montagnes environnantes. Un passage du livre de M. Dureau de la Malle se rapportait si parfaitement à cette localité, qu'il marquait comme avec le doigt, un but nouveau à ma curiosité. On lit en effet dans le *Recueil de renseignements pour l'expédition ou l'établissement des Français dans la province de Constantine, p. 205* : « Alliga, Seniore. — Je ne fais qu'indiquer les ruines de ces villes situées, la première, à 7 lieues ouest-nord-ouest d'Announa, 5 lieues à l'est de Constantine, dans une plaine, sur les bords de la rivière Alliga; la seconde, à trois lieues au sud d'Announa près de la rivière Serff. Il y a parmi les ruines de Seniore, une grande tour et une source d'eau excellente. Peyssonnel signale des ruines près de là, au lieu nommé El-Horia (El-Haria), dans la tribu des Guerfas ». J'allai voir Mahidjiba, au milieu du mois d'août 1855; un mois plus tard, j'y retournais en compagnie de mon confrère, M. Marchand et d'une autre personne. De ce voyage j'ai rapporté la conviction que Seniore occupait l'emplacement désigné aujourd'hui par le nom de Mahidjiba, ainsi que l'attestent la description et les dessins que j'en ai donnés au *Bulletin archéologique de l'Athenæum français*. Parmi les ruines de Mahidjiba on remarque une tour carrée de 42 pieds de haut et une belle source sortant d'une voûte en pierres de grand appareil, au bas du mamelon. De plus, je reconnais le mot Tarff dans le nom de Serff attribué à la rivière qui coule près de là. La première lettre du mot Tarff ou Terff aura été mal lue sur les notes du voyageur et prise pour un S.

Quelque heureuse que soit la concordance établie entre ces données topographiques, la science exige des preuves plus concluantes, elle veut, comme à *Phua* et à *Arsacal*, des noms écrits sur la pierre et retirés du sein même de la ville. C'est pourquoi j'ai examiné avec une scrupuleuse attention les rues, les maisons et la tour de Mahidjiba. J'ai interrogé chaque vestige de cette colonie romaine. Mais je perdais ma peine, et le mot de l'énigme devait échapper à mes yeux : car il faut des pioches pour faire l'autopsie d'une cité ensevelie sous des décombres séculaires.

Depuis notre arrivée, plusieurs bergers du douar voisin s'étaient réunis sur un terrain hérissé de pierres taillées et se contentaient de nous regarder avec cette quiétude insouciante des gens qui laissent couler la vie. Je les abordai, et quand ils eurent bien compris qu'au lieu de trésors cachés, nous cherchions l'écriture des païens, suivant leur expression, l'un deux me montra deux stèles, dont l'une lui servait de siège. Ce sont les seules inscriptions que m'ait fournies cette localité.

N° 11.

Q. ROMAN . . .
MILITI. LEG. III.
CYRENAICAE. V.
A. XLI. O. T. B. Q.

Nous verrons plus loin, dans la collection de Guelma, un monument élevé en l'honneur d'un tribun militaire de cette légion.

N° 12

D. M.
C. MVNATI.
VICTORIS❦ET.
ANTONIAE.
CONIVGIS.
MEAE ❦ SEM
PER❦BENE.Q.
VIVENTES.

« *Diis Manibus Caii Munatii Victoris et Antoniæ Maximæ conjugis meæ semper benè que viventes.* »

L'inscription n° 12 ne remplit que la moitié de la façade du cippe, laquelle est divisée en deux parties par une guirlande de fleurs et de branches de feuillage. Elle mentionne un père et une mère qui vécurent toujours unis. La place destinée à recevoir l'épitaphe de leurs fils est restée en blanc, et tout me porte à croire que ce sont leurs noms que j'ai retrouvés dans la vallée de Krennâba (1), sur une table de marbre blanc dont la sculpture ne manque pas d'élégance. Un croissant accompagné de deux rosaces en forme le frontispice, et les inscriptions sont disposées l'une au-dessus de l'autre, chacune dans un cadre.

N° 13.

D . M .
M . MVNATIVS.
VICTOR
V.A.XXX.H.S.E.O.E.B.
Q.
D . M .
Q . MVNATIVS.
MONNOSVS.
V.A.XXV.H.S.E.O.E.B.Q.

« *Diis Manibus. Marcus Munatius Victor vixit annis XXX. Ossa ejus benè quiescant!* » — Le lapicide a employé un seul sigle pour représenter l'*m*, l'*u* et l'*n* du mot *Munatius;* et le *t* combiné avec l'*i* lui a servi à former une croix. Le *q* de la dernière formule est descendu, faute d'espace, à la ligne suivante et occupe un angle du second cadre. « *Diis Manibus. Quintus Munatius Monnosus vixit annis XXV. Ossa ejus benè quiescant!* »

Je dois la copie des inscriptions suivantes à l'obligeance de plusieurs personnes que je m'empresse de remercier ici sincèrement.

(1) La vallée de Krennâba tire son nom de la rivière qui l'arrose; elle commence au pied de la montagne de Msettas et s'étend parallèlement à la plaine d'El-Haria.

N° 14. — *Copie de M. le commandant Leroux.*

DMS
CLAVDIA. RVFI
NA. SACERDOS.
MAGNA. PIA. VIX.
ANNIS. CIII.
H. S. E.

Dîs Manibus sacrum. Claudia Rufina, sacerdos magna, pia vixit annis CIII.

« Aux Dieux Mânes. Claudia Rufina, grande prêtresse, a vécu pieusement pendant 103 ans. »

Cette inscription a été trouvée à Souk-Ahrâss, سوق اهراس

N° 15. — *Copie de M. le commandant D'Almont.*

VTE
RTIN
EGIAE
SVAEX Fc

Fragment d'inscription engagé dans le mur d'une zaouïa, au Ferdjioua (Kabilie).

N° 16. — *Copie de M. le commandant D'Almont.*

MINOR NOSTROR

La pierre sur laquelle sont gravées ces lettres forme un des montans de la porte de la zaouïa mentionnée plus haut : elle mesure près de 2 mètres.

N° 17. — *Copie de M. le commandant D'Almont.*

IA IMPE
AVRELIANI
LICOABISDEMD
DITA N

Dans le mur de la même zaouïa, les numéros 15, 16 et 17, employés comme matériaux dans la construction de cette chapelle musulmane, proviennent des ruines qui l'avoisinent, et dont le nom ancien n'a point été retrouvé.

N° 18. — *Copie de M. Laureau, Inspecteur des bâtiments civils, à Guelma.*

TONNEIAM
FORTVNATAM
QVAM. TESTAMEN
TO. SVO. QVINIVS.
HONORATVS. MA
RITVS.PONI.IVSSIT.
QVINIA. PVDENTIL
LA.HERES.ET FILIA.
P ❀ D ❀

Tonnciam Fortunatam quam testamento suo Quinius Honoratus maritus poni jussit Quinia Pudentilla heres et filia. Propriis denariis.

La stèle sur laquelle figure cette épitaphe, fait partie de la collection d'antiquités déposées au Commissariat civil de Guelma.

N° 19. — *Copie de M. Joffre, maire du Bou-Merzoug.*

IMP. CAES.

M . ANTONIO.

GORDIANO . PIO .

FELICI . AVG.

PATRI . PATRIAE.

PONTIFICI . MA

XIMO . TRI . . .

NICIAE . P . .

COS.

Le tronçon de colonne sur lequel est gravée cette inscription en l'honneur de l'empereur Gordien, a été trouvé à 1,500 mètres du *bordj* ou maison de commandement où demeure le caïd des Segnias (Siguenses), dans un endroit qu'on appelle *Aïn-el-bordj* « la fontaine du château. »

N° 20. — *Copie de M. Joffre.*

D. M.

L. IVLIVS. PRO

CVLVS. V. A. LX.

M. IVLIVS. RVFI

NVS. V. A. XXXI.

Cette double épitaphe a été copiée près du monument dédié à Gordien.

N° 21. — *Copie de M. le commandant Leroux.*

THA

GASI

CHAE

RE

La pierre sur laquelle on lit ces mots, est déposée dans la

cour du *bordj* habité par le commandant de Souk-Ahrass. Il n'est pas certain que l'inscription soit funéraire, quoiqu'elle ait été relevée dans les décombres qui obstruaient l'ouverture d'un caveau sépulcral mis à découvert par l'ordre et sous les yeux de M. le colonel de Tourville, en mai 1854. Ce qui doit attirer l'attention des archéologues, c'est la ressemblance qui existe entre le mot THAGASI (Thagas*ius*, Thagas*ii*) et le nom de la patrie de St-Augustin qui est Thagaste suivant les uns, et Tagaste, suivant les autres (1). *(Voir l'Annuaire de la soc. arch. de la prov. de Constantine, 1853, p. 17).* Quant au mot *Chære*, on pourrait y voir la transcription du grec *Khaïré* « adieu ! ».

Je sais maintenant, et je m'empresse de l'annoncer à nos lecteurs, que M. Léon Renier est en mesure de prouver que Thagaste occupait l'emplacement de Souk-Ahrass, près de la rive gauche de la Medjerda (Bagradas). Le savant épigraphiste, auquel nous sommes redevables des lumières qui nous guident dans nos recherches, possède un document inédit d'où il a su tirer la solution de ce problème géographique, qui avait exercé la sagacité de Hebenstreit, du colonel Lapie et de M. Dureau de La Malle.

N° 22. — *Copie de M. Laureau.*

IMP. CAES. DIVI. SE
VRELII. ANTONINI. PI

Pierre monumentale trouvée à Guelma, dans les ruines d'un temple circulaire, rue de Mogador.

(1) On lit dans Morcelli, *Africa Christ*, pars prima, vol. 1, p. 298 : « Tagastensis. — Non ignobile Numidiæ oppidum Tagaste, quæ et Thagaste, magni Augustini patria, à quo non semel Municipium appellatur. In Antonini itinerario cietur inter Hipponem Regium et Naraggaram, nec procul à Madauris. »

N° 23. — *Copie de M. Laureau.*

LI. SARM. ADIABEN. ARAB.
PARTH. MAX. BRITA

Fragment de la pierre précédente. L'inscription me semble avoir été dédiée à Caracalla.

N° 24. — *Copie de M. Dolly.*

D. M. S.
Q. ANT
ONIVS.
GEMEL
LVS. V.
A . L .
MAXIMA
MARITO.
H. S. E.

Epitaphe trouvée à *Hammam-el-Meskrouline* « les bains des damnés », autrefois *Aquæ Tibilitanæ*, à deux lieues et demie de Guelma.

N° 25. — *Copie de M. Dolly.*

D. M. S.
POMPONIO .

Fragment d'inscription trouvé au même endroit. L'album de M. Dolly contient encore un document épigraphique de 13 lignes, qui commence par les mots C. CORNELIVS et finit par GENERE VALERI : mais la transcription en est si défectueuse que je n'ai pu me décider à l'accepter.

N° 26. — *Copie de M. Dolly, sous-chef du bureau arabe départemental.*

IMP. CAES. M. AVRE
LIO. CLAVDIO. IN
VICTO. PIO. FELICI.
AVG. PONTIFICI.
MAXIMO. TRI
BVNICIAE. POTES
TATIS . . . . . .
. . . .
D. D. P. P.

Dédicace faisant partie de la collection de Guelma.

N° 27. — *Copie de M. Dolly.*

AVG. TEMPLVM. A
DICATVM . . . . .

Fragment d'inscription copié à Guelma.

N° 28. — *Copie de M. Dolly.*

D. M. S.
C. AVFICIVS.
RESTITV
TVS.V.A.XXI.

A Guelma. — Epitaphe décorée d'un croissant dans la partie supérieure.

N° 29. — *Copie de M. Dolly.*

SAECVLO. BEATISSIMO.
AB? ARMINIA. FADILLA.

A Guelma. — Fragment d'une pierre votive.

N° 30. — *Copie de M. Dolly.*

C. PANNONIVS.
VICTOR. PATÉREIVS?
P. V. A. LXXV.

A Guelma. — Je pense que la transcription du mot *Patercius* est inexacte. La formule P. V. signifie *il vécut avec piété.*

N° 31. — *Copie de M. Dolly.*

Q. DOMITIO. Q. F ❀
QVIR ❀ VICTORI.
PRAEF ❀ COH. VI. BRITTON (*sic*)
TRIB. MIL. LEG. X. FRETENSIS
TRIB. MIL. LEG. III. CYRENAICAE.
CALAMENSES.
PATRONO.
AERE . CONLATO.

Monument élevé au moyen d'une souscription, à Quintus Domitius Victor..., patron de Guelma *(Calama).*

N° 32. — *Copie de M. Dolly.*

D. M. S.
LOVINIVS . PV
DENS. LAPPIA
NVS. CRESCEN
TIANVS. V.
ANNIS. XVI. M.
IIII. D. XXVII.

A Guelma. — La copie que j'ai sous les yeux n'indique pas s'il faut lire *Lovinius* plutôt que *L. (Lucius) Ovinius.*

N° 33. — *Copie de M. Dolly.*

D. M. S.	D. M. S.
KALPVR	Q. IVLIVS.
NIA. MA	RVSILICIA
XIMINA.	NVS.
PIA.V.A.	PIVS.
LVII. M.	V. A.
VII. D.	LXVII.
XVIII.	M. VIII.
EXEMPLA?	
DAB? VITAE.	
CAEC. LVCILLA.	
NVRVS. V. A.	
XLII . M . III .	

Cippe élégant faisant partie du Musée provisoire de Guelma.

N° 34. — *Copie de M. Dolly.*

VIBIAE . AV
RELIAE . DI
VI ❦ M ❦ F ❦ DIVI
SEVERI ❦ SOR ❦
SABINAE ❦
PATRONAE.
MVNICIPII.
DECVRIO...

Ce monument, que je considère comme un des plus importants de la localité sous le rapport de l'histoire administrative, est malheureusement incomplet. Il fut érigé par les décurions de Guelma (*Calama*) en l'honneur de Vibia Aurelia, sœur du divin Sévère et patrone du municipe.

N° 35. — *Copie de M. Dolly.*

FAVSTINAE. . . . .
IMP. CAES. ANTO
NINI . AVG ❀ AR
MENIACI . PAR
THICI . MAXI
MI . MEDICI.
THIBILITA
NI . P . P .
D . D .

Stèle en marbre trouvée parmi les ruines d'Announa (Thibilis); haut. 1^{m} 50^{c}; larg. 0^{m} 50^{c}. Les caractères qui forment cette inscription sont de la belle époque; ils ont 0^{m} 8^{c} de haut.

N° 36. — *Copie de M. Dolly.*

. . P. CAES. FLA
. . O. VALERIO.
CONSTANTINO.
. NVICTO. PIO.
. ELICI.AVG.PON
. IFICI. MAXIMO.
TRIBVNITIA.
. OTESTA . . X.
CONS
. . P . P . . VM.
NTONI. . . . . .

Dédicace à l'empereur Constantin relevée à Announa, sur une stèle de 1^{m} 50^{c} de hauteur sur 0^{m} 50^{c} de largeur. Ce document remonte a l'année 316 de J.-C. L'état de dégradation dans lequel il se trouve ne rend possible que la restitution des huit premières lignes, comme suit :

« *Imperatori Cæsari Flavio Valerio Constantino invicto pio felici augusto pontifici maximo, tribunitiâ potestate X, cons. IV.. patri patriæ... um ...ntoni...* »

N° 37. — *Copie de M. Chabrier, directeur de la poudrerie de Constantine.*

MERCVRIO.
ET. HERCVLI.
ET. MARTI.
SACRAVIT.
IVLIVS.
RVFVS.
LEG. III. AVG.
F. F.

« *Autel élevé à Mercure, à Hercule et à Mars, par Julius Rufus de la IIIe légion Auguste. F. F.* »

Cette pierre a été trouvée à El-Kantara (subdiv. de Batna) et transportée à Biskra, où elle décore la porte du jardin des officiers. Au lieu de F. F., il faut peut être lire P. P. *propriâ pecuniâ*, « avec ses propres deniers. »

§. Nouvelles inscriptions recueillies à Constantine.

L'abondance des matières rassemblées dans l'*Annuaire de 1854-1855*, nous ayant imposé l'obligation de faire un choix parmi les documents épigraphiques qui ont été recueillis cette année par les soins de MM. Villevaleix, maire de Constantine, et De Lanoy, ingénieur en chef du département, nous nous bornerons à décrire ici ceux qui paraissent les plus intéressants au point de vue de l'histoire locale. Un catalogue complet et détaillé aurait pris trop de place.

L'inscription n° 38, que nous avons tâché de représenter

aussi fidèlement que possible, couvre la surface d'une pierre convexe, débris d'un piédestal circulaire ou demi-circulaire. Cette pierre a été retirée des décombres d'une maison arabe, d'autres disent d'une zaouïa, de la rue du 26e de ligne, en même temps qu'une statue de femme qu'on a voulu prendre pour la déesse Pallas, malgré l'absence de l'égide. L'opinion de la plupart des membres de la Société établit que le monument, tel qu'il existe, ne présente que la moitié des lignes, celle de droite. Ce qui le prouve, c'est le nombre des lettres qui manquent à la première ligne, et qui devaient être AVGVSTAE. PA. Je n'entreprendrai point de restituer la lecture de l'inscription : les éléments qui nous restent sont trop défectueux pour favoriser un travail de ce genre. Tout ce que je puis faire, c'est de compléter les mots dont je suis sûr.

N° 38.

LLADI . SACRVM.
ORATVS. BAEBIANVS.
IVDEX . AEDIL . QVAEST. IIIVIR.
RVSICADENSIS. CHVLLITANAE.
R. DIEM. LVDORVM. FLORALIVM.
OS. IIIVIR. SVA. PECVNIA. FECIT.
QVOD. QVINQVENNAL. PVBLICVM.
. . TEM. TVMVLTV. GETVLORVM
. . LI. FRATRIS. SVI. CENTVRI...
. . TRIS. SVI. EIVSDEM. VOLVNTA.
. . REIPVBLICAE . . . LATIS . . .
. . . NOVVM. HS. CMIL . . MIS.
. . CRO. SVA . PECVNIA. FECI.

Augustæ Palladi sacrum... Honoratus Bæbianus... judex, ædilis, quæstor, triumvir... Cirtensis? Milevitanæ? Rusicadensis, Chullitanæ... per vel propter diem ludorum floralium... quos triumvir suâ pecuniâ fecit... quod quinquennale publicum... gentem vel civitatem tumultu Getulorum... Julii fratris sui centurionis... fratris sui ejusdem voluntatem vel voluntate... Reipublicæ collatis... novum sestertiûm centum millibus nummis... sacro suâ pecuniâ fecit.

En attendant que notre confrère M. Léon Renier explique ce fragment de l'histoire administrative de Cirta, on peut admettre les faits suivants dont il contient la mention : 1° que le monument était un autel à Pallas ; 2° que cet autel avait été consacré par Honoratus Bæbianus, juge, édile, questeur et triumvir des colonies de Cirta, de Mila, de Rusicade et de Collo ; 3° que Bæbianus l'avait érigé à ses frais, à l'occasion du jour des jeux floraux ; 4° que le monument avait été détruit à la suite d'une révolte des Gétules ; 5° que ce serait un centurion, frère de Bæbianus, qui l'aurait relevé (*novum*) à l'aide d'une souscription dont le chiffre s'élevait à 100,000 sesterces.

N° 39.

D . M .
NICON.
AVGVSTO
RVM.N.SER.
VIXIT. AN
NIS . XXI .
H. S. E.

Diis Manibus. Nicôn Augustorum nostrorum servus vixit annis viginti. Hic situs est.

« Aux Dieux Mânes. Nicôn (Victor), esclave de nos Augustes, a vécu 20 ans. Il repose ici. »

Sur une dalle de la petite mosquée de Sidi-Ali-el-Kafsi, à Constantine. — Le mot *nicôn*, synonyme de *Victor*, et participe présent du verbe *nicaô*, vaincre, désigne ici un esclave grec.

N° 40.

L. PETRONIVS. FESTVS
D QVI ET ZABVLIVS M
SIBI SVISQVE FECIT

Diis Manibus. Lucius Petronius Festus, qui et Zabulius, sibi suisque fecit.

« Aux Dieux Mânes. Petronius Festus, dit Zabulius, a construit ce mausolée pour lui et les siens. »

Dans une maison de la rue Massinissa. Le mot Zabulius est un nom Numide latinisé (*Zabul-ius*).

N° 41.

D M
ASCLEPIAE. MATRI. CA
RISSIMAI . ZAPLV
TIVS. POSVIT. VIX
SIT. ANNIS. QVOD. PO
TVIT.

Diis Manibus. Asclepiæ matri carissimai (carissimæ) Zaplutius posuit. Vixsit (vixit) annis quod potuit.

« Aux Dieux Mânes. Zaplutius a érigé (ce tombeau) à Asclepia, sa mère très chère, (qui) a vécu autant d'années qu'elle a pu. »

Dans un mur du moulin Lavie. — Zaplutius appartient comme Zabulius à la race Numide.

N° 42.

D . M .
C . POMPE
IVS . SACERD
OS. SATVRNI.
MARIVS. V.A.
LXV. H. S. E.

Diis Manibus. Caius Pompeius, sacerdos Saturni, Marius, vixit annis LXV. Hic situs est.

La stèle sur laquelle est gravée cette épitaphe, a été trouvée au camp des Oliviers, à un kilomètre de Constantine. On voit sur l'une des faces plusieurs attributs, dont l'un ressemble à une torche. Les autres peuvent être comparés à une baguette et à une pelle.

N° 43.

ANVA. EQVES. ROM
. . OREM. AEDILITATIS
. PRAETEREA. REIP...
VDOS. SCAENICOS. CVM

Pierre votive extraite des fondations de la maison de M. A. Martin, interprète principal, et offerte par lui au Musée de la ville. Les mutilations qu'elle a subies aux deux extrémités de de chaque ligne nous ôtent les moyens d'en établir la traduction. Cependant la connaissance que nous avons acquise de plusieurs inscriptions du même genre, nous permet de constater qu'il est question ici d'une statue élevée par un chevalier romain en mémoire de l'édilité dont il a été investi, et que le produit des représentations théâtrales (jeux scéniques) données par le nouvel édile a été consacré à l'érection du monument.

N° 44.

DIS. MANIBVS
M. MINCIVS.
VICTOR.
V. A. LV.
H. S. E.

« Aux Dieux Mânes. Marcus Mincius Victor a vécu 55 ans. Il repose ici. »

N° 45.

D M

MEMORIAE. CALPVR
NIAE. MAXIME .
V. A.

« Aux Dieux Mânes. A la mémoire de Calpurnia Maxima. Elle a vécu. »

Maxime par un *e* au lieu d'un *æ*. Le chiffre de l'âge manque.

N° 46.

QVIBIVS HILA
RIO VA XCV

« Quibius Hilarion a vécu 95 ans. » (*Collection de M. Costa.*)

N° 47.

P. CAI IMP CAES
MANIS
GORDIAN
PIVS. FELIX.
VICTVS
PONTIF. M
MVS. TRIB.
CC PPPRO

Sur une colonne de calcaire servant de pilier à une maison arabe du quartier dit *Haumet el-tobbâla*. Une partie de cette inscription qui est dédiée à l'empereur Gordien, se trouve engagée, à droite et à gauche, dans la maçonnerie du mur.

N° 48.

AM. A. SOLO. FEC.

Dans le mur du palais, à gauche de l'escalier, rue Desmoyen.

N° 49.

AVREO. SECVLO. DE
CIPVM. VALENTINIANI.
CVM. A. FVNDAMENTIS.
ANNIVS . . . . . ANV
ET. D. N. GRATAE . . N
CVRANTE. AC. SVA . . .
DIANO . . . .

Fragment d'une dédicace trouvé dans les démolitions de la nouvelle rue de la Poste. Je me réserve de donner plus tard l'explication de ce document qui se rattache, comme on le voit, à la reconstruction d'un édifice public.

N° 50.

PRAEFECTV.

Inscription monumentale gravée sur une belle pierre qui soutient une partie de la maison habitée par le Directeur de la poudrerie, rue Perrégaux. La pierre mesure environ 2 mètres en longueur ; les lettres ont 0,12 de hauteur.

N° 51.

. ATRONVS . COLONIARV.

L'énorme pierre sur laquelle se lisent ces deux mots, d'ailleurs faciles à compléter, forme un des montants de la porte d'une maison appartenant à Sil-Mosri et située près de la grande mosquée. Plus je l'examine, plus je suis tenté de la rattacher au n° 50, dont elle semble être la suite : *Præfectus, Patronus coloniarum* « le Préfet, patron des colonies. »

N° 52.

I. CORNELIVS.
QVINIVS.
V. S. L. A.

Julius Cornelius Quinius vixit sancté L annis.

« Julius Cornelius quinius a vécu saintement 50 ans. »

Sur une stèle ornée de moulures dans la partie inférieure. Les lettres qui occupent le milieu de la seconde ligne ont été tellement endommagées par un éclat de la pierre qu'avant d'adopter la lecture Quinius j'ai hésité entre les mots *Quintus*, *Cuibius* et *Quirius*. La forme du monument autant que l'absence de l'invocation *Diis Manibus*, m'autorise à la ranger parmi les antiquités chrétiennes.

N° 53.

❀ VALERIVS. DAT . . S PATER ❀
D . M . S . FEC.

VRVRIE. FILIE. RARISSIME. H.S.E.
VIXIT. ANNIS. XXV. MEN. SEX.
SARTOR. ARENARIVS.
MAGISTER. FILIE. DVL CVM
SSIME . POSVIT.

« *Valerius Datius pater. — Diis manibus sacrum fecit Ururiæ filiæ rarissimæ. Hic sita est. Vixit annis XXV, men(sibus) sex. Sartor arenarius magister filiæ dulcissimæ posuit.* Cum. »

Le dernier mot, qui est gravé en caractères deux fois plus

grands que ceux du reste de l'inscription et dont je ne saurais fixer le sens, occupe un coin de la pierre, à l'extrémité de la 5e et de la 6e ligne. Les lettres *Dat..s* m'ont paru former les éléments du cognomen *Datius*. *Ururia* est un nom qui parait pour la première fois dans les épitaphes de la ville. Tous les datifs féminins sont terminés par un *e* au lieu d'un æ. A la 4e ligne, MENSEX représente MENS. SEX; les deux *s* ont été contractés en un seul. L'inscription est entourée d'un encadrement à façon et décorée de trois sauterelles grossièrement sculptées et de dimensions différentes : elle a été déterrée au camp des Oliviers. La copie que le lecteur a sous les yeux reproduit parfaitement le modèle. Ce qui lui prête un intérêt réel, ce sont les observations faites au sujet du père par M. Léon Renier. Je les extrais d'une lettre qu'il m'écrivait en réponse à l'envoi de l'épitaphe, le 8 novembre 1855 : « Ce *Sartor arenarius*, dit notre savant confrère, était un faiseur de reprises, un raccommodeur d'habits, qui, en même temps, était membre du collége des *Arenarii*, et avait dans cette association le titre de *magister*. C'est ainsi que dans nos villes de Flandre, d'Artois et de Picardie, il y a des sociétés d'archers et d'arbalétriers, dont les membres exercent d'ailleurs toute sorte de métiers. »

N° 54.

IPOPOTAMIA. NAVIS.

Vers la fin de l'année 1855, c'est-à-dire quelque temps après la publication de l'*Annuaire de 1853*, où j'ai eu l'occasion de parler des fouilles dirigées avec tant de soin par M. le maire de Constantine, au-dessous de la tour de l'ouest, une galerie fut pratiquée sous les décombres, à gauche de l'hypogée de Præcilius. Ce couloir souterrain aboutit à une muraille épaisse, parfaitement crépie, dans laquelle sont pratiquées des espèces de meurtrières, et il se termine par un caveau adossé au rocher. Le fond du caveau est construit en manière d'alcôve. Par un effet du hasard, le rebord de cette voûte, en forçant les décombres de la ville à glisser un peu plus loin, a formé un vide devant le mur et en a protégé la partie supérieure sur laquelle on voit assez distinctement plusieurs objets dessinés au charbon, entre autres une galère, et à côté de la galère, les mots :

IPOPOTAMIA
NAVIS
IISOTANAOCVSFII
. . CITA . . IINTAS : . TAPRESIL . . *(sic)*

Le mélange des caractères latins et des lettres grecques, l'inhabileté de l'écriture, la disparition du charbon en certains endroits rendent indéchiffrables les derniers groupes de syllabes. Je crois cependant y avoir lu le commencement du nom de Præcilius (1).

A. CHERBONNEAU.

(1) Les deux premiers mots sont crayonnés l'un au-dessous de l'autre, à gauche du vaisseau. Les A ressemblent à des *lambda* simples et les M à des *lambda* accouplés ; quant aux *s*, ils ont été remplacés par des *sigma*. Plus bas, à la hauteur de la poupe, viennent deux lignes tracées confusément et dont les mots n'offrent aucune marque de séparation. Je les ai reproduites trait pour trait, en ayant soin de laisser aux *êta* la forme qu'ils affectent dans cette esquisse, celle de deux *i* majuscules non liés.

Inventaire du Mobilier

DE L'ÉGLISE DE CIRTA, EN 303 DE J.-C.

Nous savons que l'édit de Dioclétien (1) contre les Chrétiens fut publié à Cirta, le 14 des calendes de juin, à l'époque où Paullus y remplissait les fonctions de l'épiscopat et où le proconsulaire Florus administrait toute la province. Cet édit fut également promulgué, à différents jours, dans les autres colonies, ainsi que dans toutes les cités de la province. Il était recommandé aux magistrats d'avoir soin que tous les livres divins que l'on trouverait fussent consumés par le feu, que le mobilier des églises fût saisi, que les temples et les autres édifices des Chrétiens fussent renversés et anéantis. Aussi la face des événements changea-t-elle bientôt. Les églises furent dépouillées de leurs ornements, les assemblées des fidèles dispersées, et les saints mystères interrompus. Partout régnèrent le deuil et les pleurs. Les magistrats des colonies ne furent pas lents à obéir, soit que leur ancienne

(1) Dixième et dernier édit impérial de persécution générale contre les Chrétiens. Longue et sanglante, car elle dura de 303 à 313, cette persécution a fait donner à l'époque de Dioclétien, le nom d'*ère des martyrs*.
(Note de la rédaction.)

haine se réveillât, soit qu'ils craignissent d'être accusés de favoriser les Chrétiens.

Dès lors, en Numidie et surtout à Cirta, qui en était la métropole, l'Eglise trahie par ceux qui auraient du la protéger et la défendre, ne présenta plus qu'un déplorable et lugubre spectacle. Munatius Felix, flamine perpétuel et curateur, était alors à la tête de la colonie, ainsi que nous le lisons dans les actes qui nous restent, suivi de ses gens et des magistrats, se rendit à l'église où les Chrétiens avaient coutume de se réunir, et il dit à l'évêque Paullus : « Pour vous conformer aux ordres et aux commandements de l'Empereur, apportez les écritures de votre loi et tout ce que vous avez ici. »

Le malheureux évêque oubliant sa foi, son caractère, sa dignité et son nom, n'eut d'autre souci que de sauver sa vie, et il répondit : « Ce sont les lecteurs qui possèdent les écritures. Quant à nous, nous vous abandonnons ce que nous avons ici. » Les lecteurs se trouvant absents, il fut sursis au jugement de la cause. Mais le mobilier de l'église fut apporté et livré aux ennemis du christianisme, sans que l'évêque Paullus, ni les prêtres Montanus, Victor, Deusatelius et Memorius quittassent leur sièges, et en présence des diacres Mars Helius et un autre Mars, des sous-diacres Catullinus, Sylvanus, Marendius et Carosus, des fossoyeurs Januarius, Meraclus, Fructuosus, Migga et Saturninus. Victor d'Aufide écrivait. Les objets qui furent livrés, sont énumérés dans les actes ainsi qu'il suit :

2 calices d'or,
6 calices d'argent,
6 burettes d'argent,
1 casserole d'argent,
7 lampes d'argent,
7 petits candélabres d'airain avec leurs lampes,
11 lampes d'airain avec leurs chainettes.

Après avoir pillé l'église, les persécuteurs s'emparèrent des vêtements que les prêtres conservaient dans une chambre pour les besoins des pauvres, et dont voici la liste :

82 tuniques de femme,
38 larges pièces d'étoffe,
16 tuniques d'homme,
13 paires de sandales pour homme,
47 paires de sandales pour femme,
19 ceintures grossières.

De l'église, Munatius Felix passa aussitôt à la bibliothèque, où il trouva les armoires vides. Sylvain en tira cependant un bougeoir et une lampe d'argent.

Dans le cellier on trouva quatre tonneaux et six jarres.

Catullinus livra pour son compte, un volume d'un format considérable. Enfin, le ravisseur vint dans les cellules des lecteurs, qui les uns après les autres, par une indigne lâcheté, livrèrent les saints livres aux mains des persécuteurs. Quelques-uns même protestaient qu'ils en livreraient d'avantage s'ils en possédaient d'avantage.

*Traduit de l'*AFRICA CHRISTIANA *de Morcelli*
par un membre de la Société.

SUR UNE COLONNE MILLIAIRE

TROUVÉE A TUNIS.

Le hasard nous a fait remarquer dernièrement, à la porte d'une des zaouïa de Tunis, un fût de colonne antique, formant la base du montant de l'ogive, etc., recouvert d'une couche de badigeon sur laquelle se distinguaient cependant quelques lettres. Débarrassé de son enveloppe de chaux, ce fragment nous a laissé lire l'inscription suivante :

IMP. CAESAR. C. IVLIVS
VERVS. MAXIMINVS. PIVS
FELIX. AVG. GERM. MAX. SAR
MAT.MAX.DACICVS.MAX.PON
MAX.TRIB.POT.III IMP.V.ET.
C. IVLIVS.VERVS. MAXIM. NO
BILISSIMVS. CAES. PRINCEPS
IVVENTVTIS. GER. MAX. SAR
MAT. MAX. DACICVS. MAX.
VIAM. A. KARTHAGINE. VS
QVE. AD. FINES. NVMIDIAE
I ION AINO
I E ADQVE
STITVERVNT

LXX

Cette inscription consacre, comme on le voit, le souvenir de travaux exécutés, par l'ordre de l'empereur Maximin, sur une des routes qui conduisait de Carthage aux confins de la Numidie, *usque ad fines* Numidiæ. Les titres de *Dacicus maximus*, *Sarmaticus maximus*, donnés au successeur d'Alexandre Sévère, permettent de fixer, d'une manière assez précise, la date de ce monument. Les campagnes de Maximin contre les Daces et les Sarmates ayant eu lieu l'an 237 de notre ère, l'érection de notre colonne milliaire n'est pas antérieure à cette époque; elle n'est pas postérieure, d'autre part, à l'année 238, date de la mort de Maximin.

Il est plus difficile d'assigner à ce débris la position qu'il occupait primitivement. Plusieurs routes, en effet, conduisaient de Carthage en Numidie. En ayant égard au chiffre LXX que porte la colonne dont il s'agit, on pourrait supposer qu'elle était placée ou à la station d'*Aquæ* qui se trouvait précisément à 70 milles de Carthage, sur la route menant de cette dernière ville à Cirta, — ou, sur la route de Carthage à Hippône, entre *Vicus Augusti* et *Cluacaria*, à 8 milles de la première station et 22 de la seconde.

Mais comment cette pierre se trouve-t-elle à Tunis? Peut-on supposer qu'on y ait amené, de 20 lieues, une simple colonne de granit, alors que les ruines de Carthage en fournissaient, à quelques milles seulement, une inépuisable quantité? Cette hypothèse n'est guère admissible : aussi serions-nous disposés à croire que cette colonne, gravée en 238, très peu de temps avant la mort de Maximin, n'a pu être placée du vivant de cet empereur, et est restée sans emploi dans les chantiers de Carthage, d'où elle est allée, quelques siècles plus tard, orner, comme tant d'autres, un portique arabe.

Ch. TISSOT.

Le Mausolée du roi Aradion.

Les voyageurs et les archéologues ont parcouru dans tous les sens l'Afrique septentrionale. Il n'est pas une montagne, il n'est pas une vallée qui ait échappé à leurs investigations. Mais on ne trouve dans aucun de leurs récits la mention du mausolée dont parle Vopiscus, dans la vie de Probus. Cependant, l'existence d'un monument funéraire comparable au Madr'asen sous le rapport de la dimension, nous semble trop important pour être passée sous silence, et nous savons gré à M. Dureau de la Malle de l'avoir constatée dans les *Recherches sur l'histoire de la Régence d'Alger, à l'époque de la domination romaine* (1), *publiées en 1835, par ordre du Ministre de la Guerre.* Voici en quels termes s'exprime le savant académicien :

« La vie de Probus, racontée par Vopiscus et par Aureliùs Victor, offre sur l'Afrique quelques faits qu'il ne faut pas négliger de recueillir. Chargé du commandement de cette contrée probablement par les empereurs Gallien, Aurélien et Tacite, il déploya de grands talents, un grand courage personnel dans la guerre contre les Marmarides (2) qu'il parvint enfin à subjuger. Il passa de la Libye à Carthage, dont il réprima les rébellions. Il provoqua et tua en combat singulier un chef des tribus africaines, nommé Aradion, et pour honorer le courage remarquable et la défense opiniâtre de ce guerrier, il fit élever par ses soldats un grand monument funéraire de deux cents pieds de largeur, qui existe encore, nous dit Vopiscus, « *Sepulchro ingenti honoravit... per milites quos otiosos esse nunquàm est passus* (3). » Il avait

(1) Voyez l'Introduction des Recherches sur l'histoire de la rég. d'Alger, pag. 25, [illegible] 11

(2) Les Marmarides habitaient entre l'Egypte et la Pentapole.

(3) Vopiscus. — Probus, cap. IX.

pour principe qu'il ne fallait jamais laisser le soldat oisif. »

Il s'agit maintenant de déterminer la position du mausolée gigantesque dont parle l'historien : car nous n'avons là que des données vagues. Je pense que la marche de Probus nous sera de quelque secours. En effet, il est dit dans le passage cité que le général romain passa de la Libye dans les états de Carthage et se dirigea ensuite contre les tribus africaines. Or, les populations africaines qui entretenaient, à cette époque, le foyer de la résistance, étaient celles de la partie méridionale de la Numidie ; et c'est précisément sur ce point qu'on voit un édifice funéraire d'une architecture conforme au goût et aux habitudes du pays, quoique modifiée par la science des vainqueurs. De plus, les dimensions de ce monument diffèrent peu de celles que Vopiscus attribue au mausolée d'Aradion. Bruce, il est vrai, s'est hasardé à dire que le Madr'asen était le tombeau de Syphax et des autres rois de la Numidie. Son opinion, bien qu'elle ne s'appuie sur aucune autorité, a prévalu et elle jouit d'une telle faveur parmi les archéologues, qu'on l'a maintenue jusqu'à nos jours. Mais il n'est pas impossible de la remplacer par une opinion nouvelle.

Pour peu que l'on considère la manière dont les noms romains ont été altérés par les musulmans, on conviendra que la transformation du mot *Aradion* en *Madr'asen* n'est pas plus surprenante que le changement de *Verecunda* en *Marcouna*, de *Rusicada* en *Skikda* et de *Hippo-regius* en *Bouna*. Il y a d'aussi fortes déviations d'un côté que de l'autre, et je ne crains pas d'aller trop loin en supposant que *Madr'asen* est une abréviation et en même temps une contraction des mots *tumulus Aradionis* ou *monumentum Aradionis* ou *sepulchrum Aradionis*. Quant à l'étymologie qui fait venir le mot *Madr'asen* du nom de la plaine des *Mader*, elle a, au premier aspect, quelque chose de vraisemblable, mais j'affirme qu'elle n'est motivée par aucun document écrit.

A. C.

ERRATA.

Dans l'introduction, page i ligne 5, au lieu de *toute* lisez *tout*
Page 63 ligne 17 au lieu de ANTONI lisez ANTONINI.
— 67 — 6 de linscription, ou lieu de TRAIANI-NI lisez TRAIA-NI.
— 80 — 16 au lieu de *catapulte* lisez *bélier*.
— 87 — 27 au lieu de PEBE lisez PERE.
— 97 — 1 au lieu de *Rénier* lisez *Renier*.
— 141 — 14 au lieu de *que* lisez *qu'à*.
— 172 — 12 au lieu de *à la ranger* lisez *à le ranger*.
Planche 20, au lieu de *par M. Costa* lisez par *M. Ch Tissot.*

TABLE DES DIVISIONS.

Constantine. — Imprimerie ABADIE.

FAC-SIMILE D'UNE INSCRIPTION BERBÈRE,

trouvée à Constantine.

Fragment de marbre blanc faisant partie de la collection de M. Costa.

TABLEAU DE L'ALPHABET BERBÈRE avec la concordance des Lettres Arabes,

Document extrait de la paléographie d'EYYOUB-BEN-MOSLÉNA par M. Limbéri.

ا	ب	ت	ث
ج	ح	خ	د
ذ	ر	ز	س
ش	ص	ض	ط
ظ	ع	غ	ڢ
ڧ	ك	ل	م
ن	و	لا	ي
		[illegible]	

Trois Inscriptions de l'Amphithéâtre.

D'EL-ĐJEM.

0m 35

0m 25

0m 98

0m 66

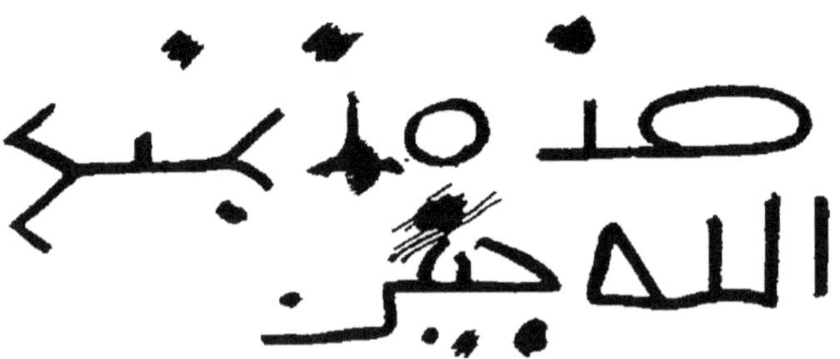

En Relief

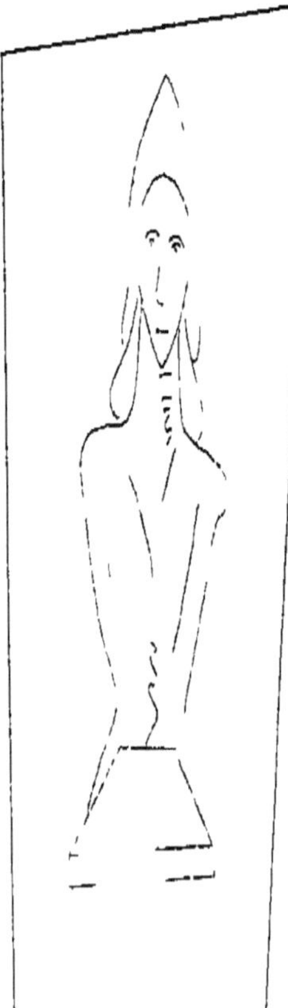

Inscription et Dessins
de l'amphithéâire d'El-Djem
Communiqués par M. Limbert.

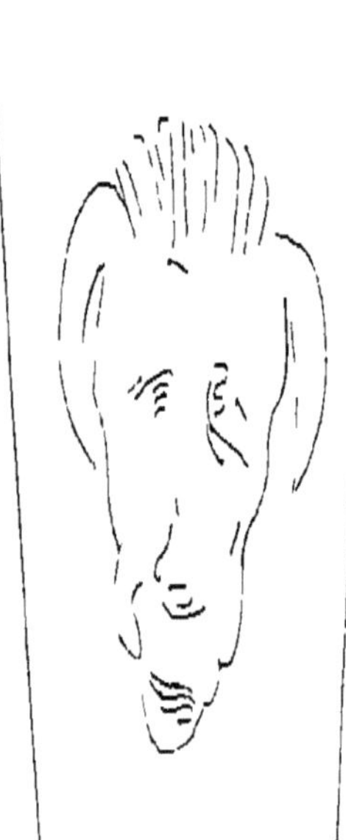

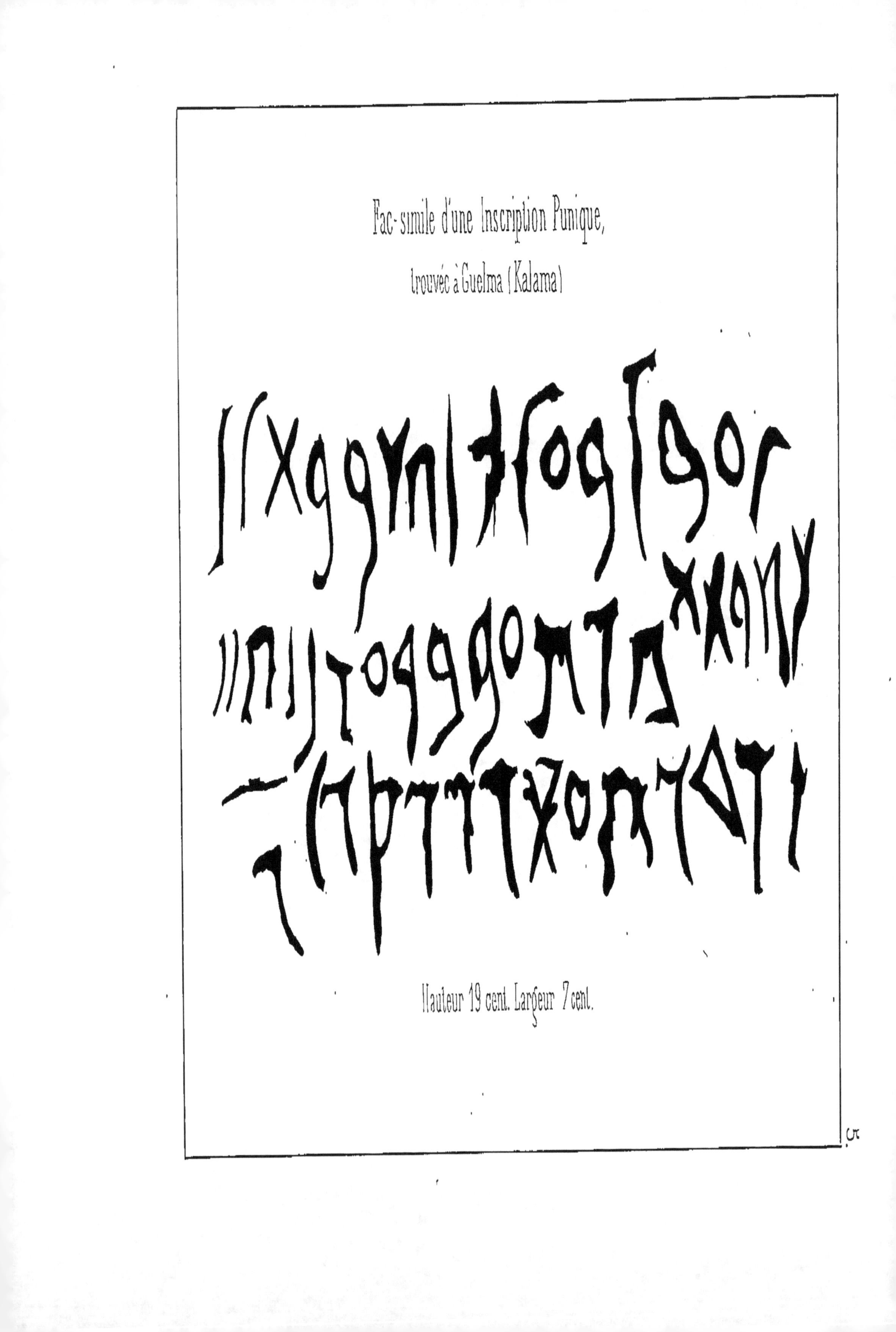

Fac-simile d'une Inscription Punique,

trouvée à Guelma (Kalama)

Hauteur 19 cent. Largeur 7 cent.

Haut o,51

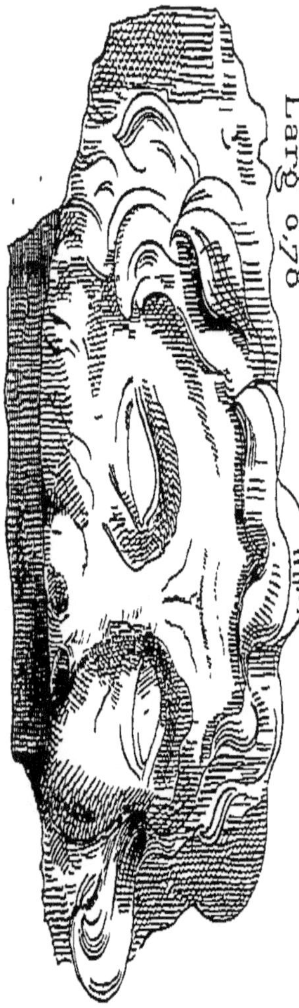

Mascaron en pierre trouvé à Constantine.
Larg o,78

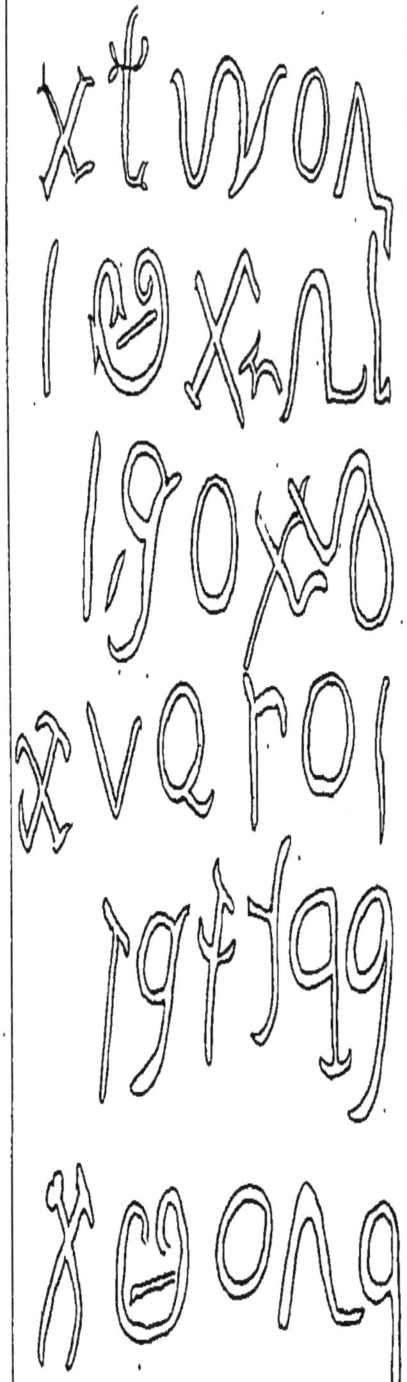

Inscription Punique

trouvée à Guelma sur une stèle

Haut. 1.m Larg. 0.m 45

Inscription chrétienne

trouvée à Constantine

+ΕΝΘΑΔΕΚΟ
ΙΜΚΕΙΤΕΤΗC
ΜΑΚΑΡΙΑCΜΝΗ
ΜΗCΟVΛΠΙΑΗΚΑΙ
ΚШΝCΤΑ·ΝΤΙΑ
ΒVΖΑΝΤΙΑ
ΓΕΙΝΑΜΕΝΗ
ΘVΓΑΤΗΡШΡΗ
ΑCΤΗCΑΘΛΙΑC
ΖΗCΑCΑΕΝΕΙ
ΡΗΝΗΕΤΗΖ

ENVIRONS DE BOUGIE.

TIKLAT,

Ruines de Tubusuplus.

CITERNE.

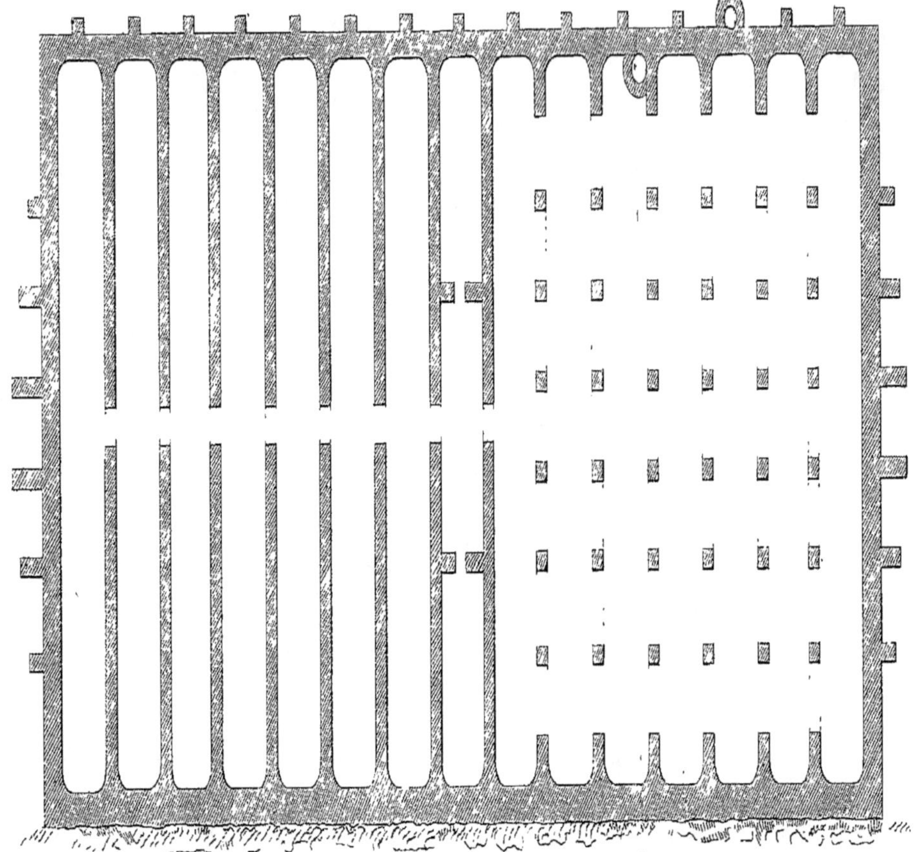

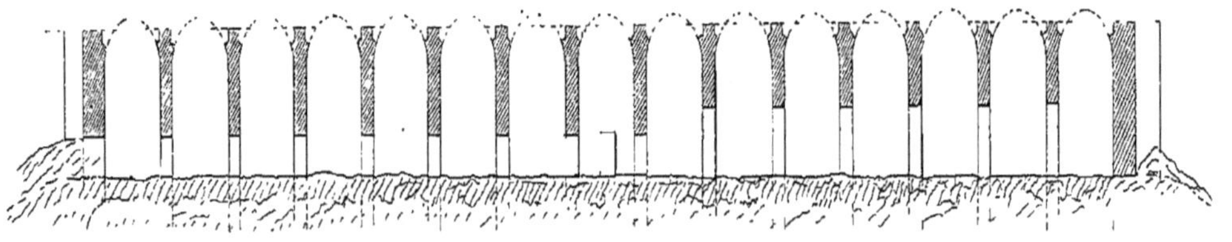

Paris imp Binetеau

Esquisse des rosaces de la Mosaïque extérieure du tombeau de Prœcilius.

Fresque du Tombeau de Prœcilius.
Dessinée par M Gouvet

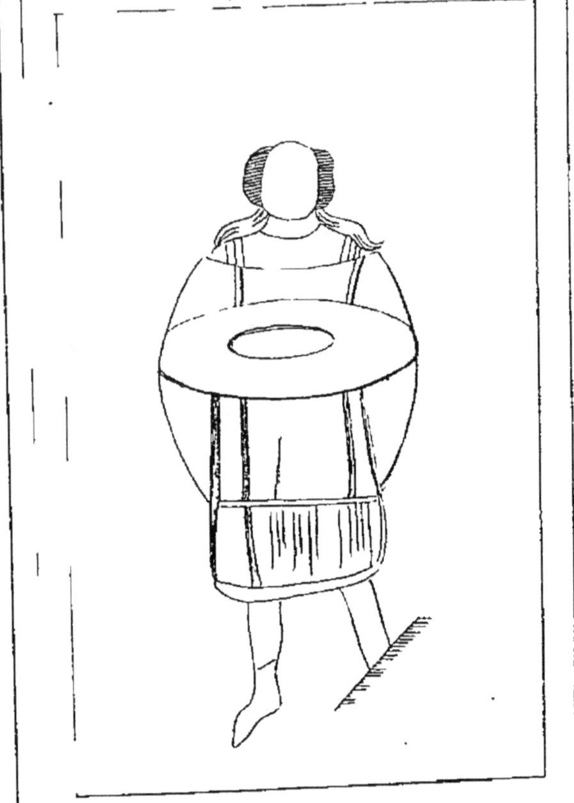

Lampe romaine
Collection de M Costa

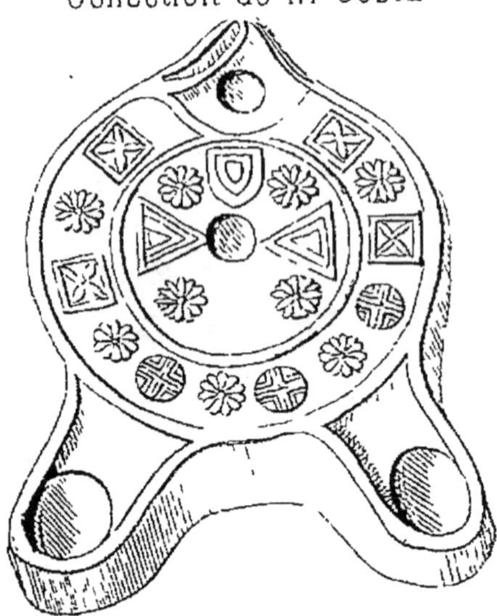

Dessiné par M. Rémond

Tête du Timon d'un char
(Bronze)

Collection
de M. Costa

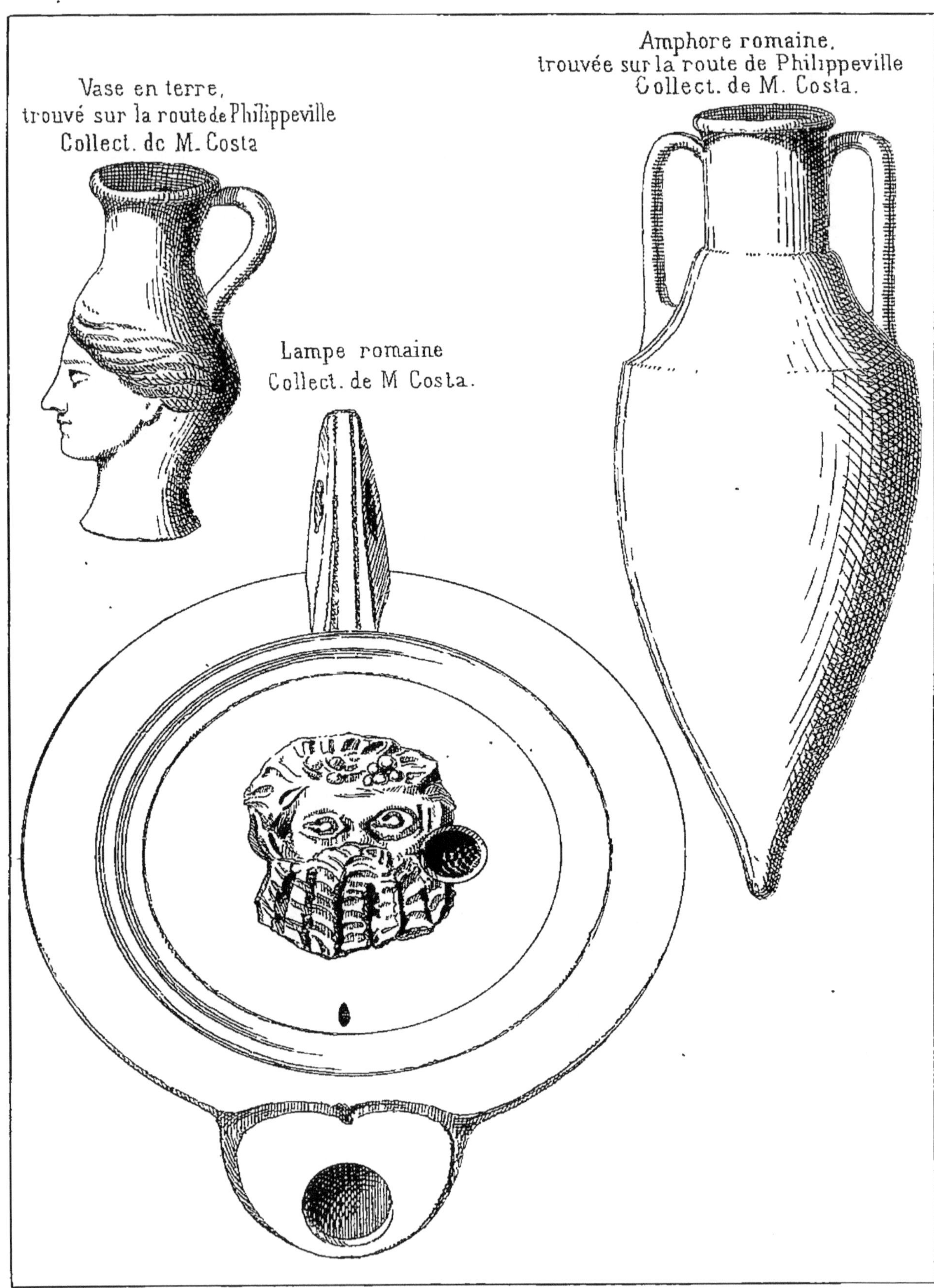
Vase en terre,
trouvé sur la route de Philippeville
Collect. de M. Costa
Lampe romaine
Collect. de M Costa.
Amphore romaine,
trouvée sur la route de Philippeville
Collect. de M. Costa.

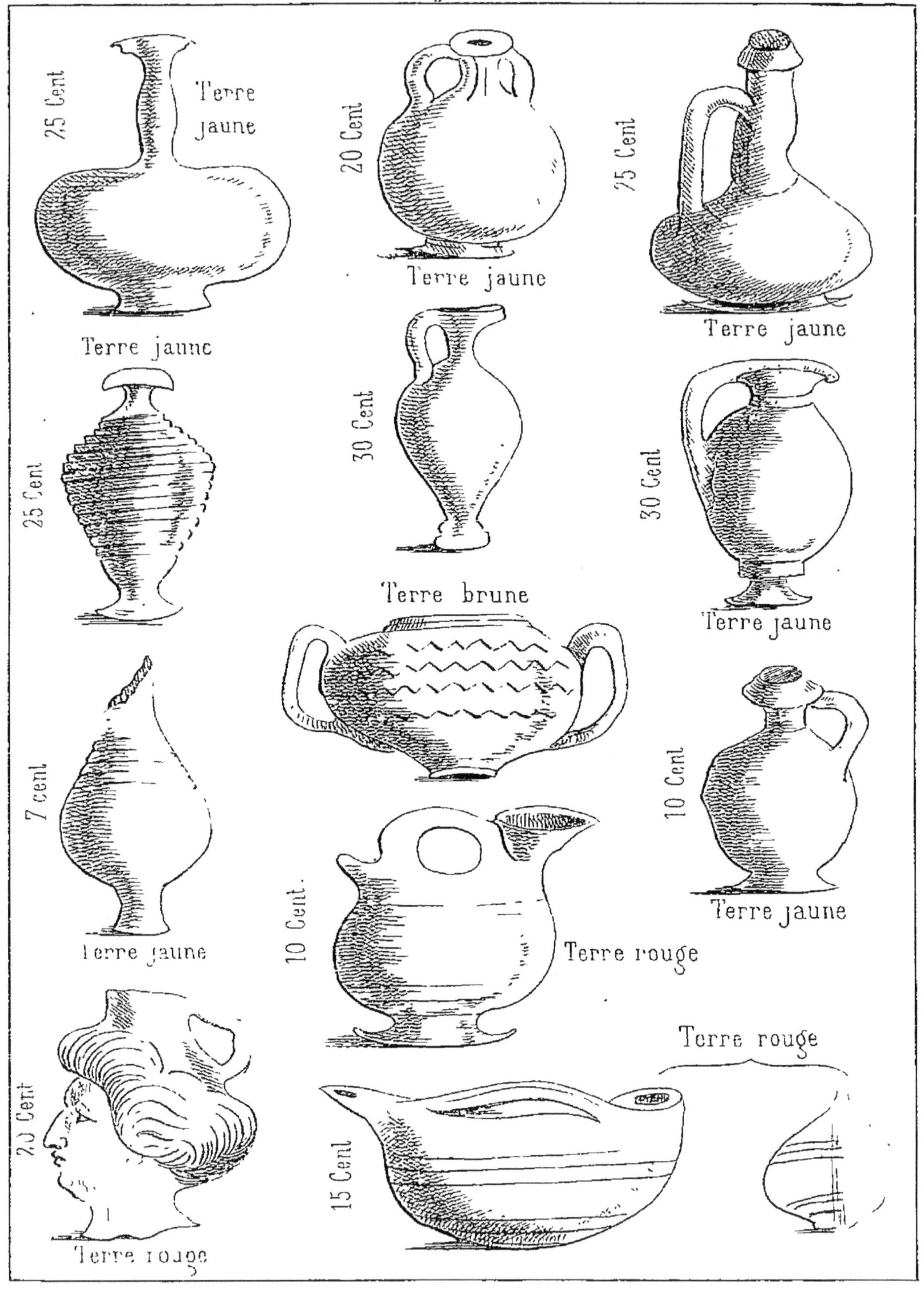
25 Cent
Terre jaune
20 Cent
Terre jaune
25 Cent
Terre jaune
Terre jaune
25 Cent
30 Cent
30 Cent
Terre brune
Terre jaune
7 cent
10 Cent
10 Cent.
Terre jaune
Terre jaune
Terre rouge
Terre rouge
20 Cent
15 Cent
Terre rouge

Masque en terre cuite (Collect de M Costa).

Hauteur 0,4

Buste en Marbre
trouvé à Cherchell (Julia Cœsarea)

Tête de Bacchante. (Marbre)
Collect de M. Costa

Objets faisant partie de la collection de M. Costa

Urne lacrymatoire en verre.

10 cent

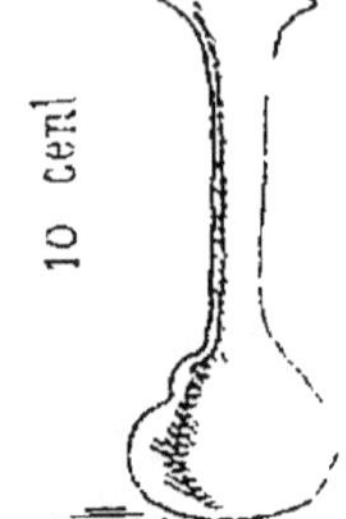

Robinet en argile

10 cent.

Objet en verre semblable à un cornet Acoustique.

15 cent.

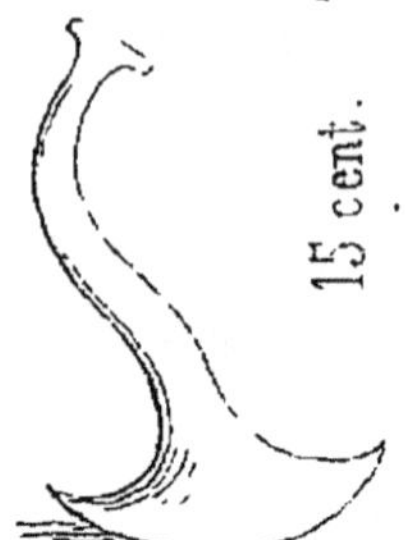

Tasse en terre rouge Diamet 10 cent.

Tasse en terre jaune Diamèt. 10 cent

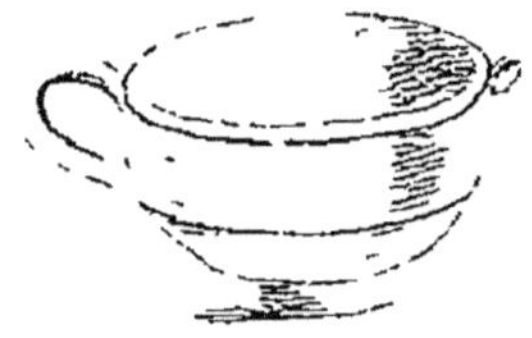

Vase en terre rouge Diamèt. 12 cent

Minaret de la Mosquée de Mila (Milevum).
Province de Constantine.

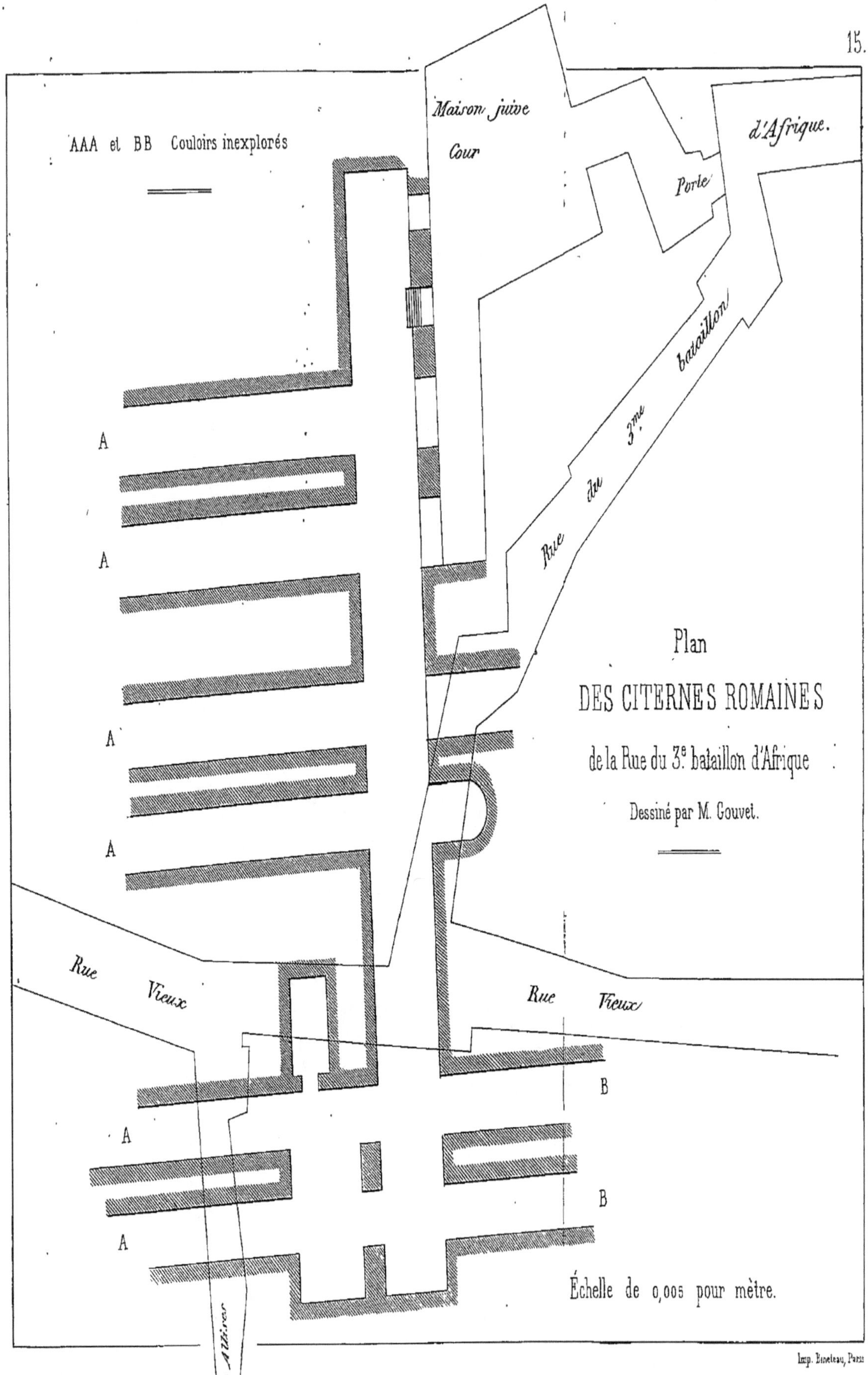

AAA et BB Couloirs inexplorés

Maison juive
Cour
Porte
d'Afrique.
Rue du 3me bataillon

A
A
A
A

Plan
DES CITERNES ROMAINES
de la Rue du 3e bataillon d'Afrique
Dessiné par M. Gouvet.

Rue Vieux
Rue Vieux
B
A
B
A

Échelle de 0,005 pour mètre.

Rue des Abbès

Imp. Bineteau, Paris

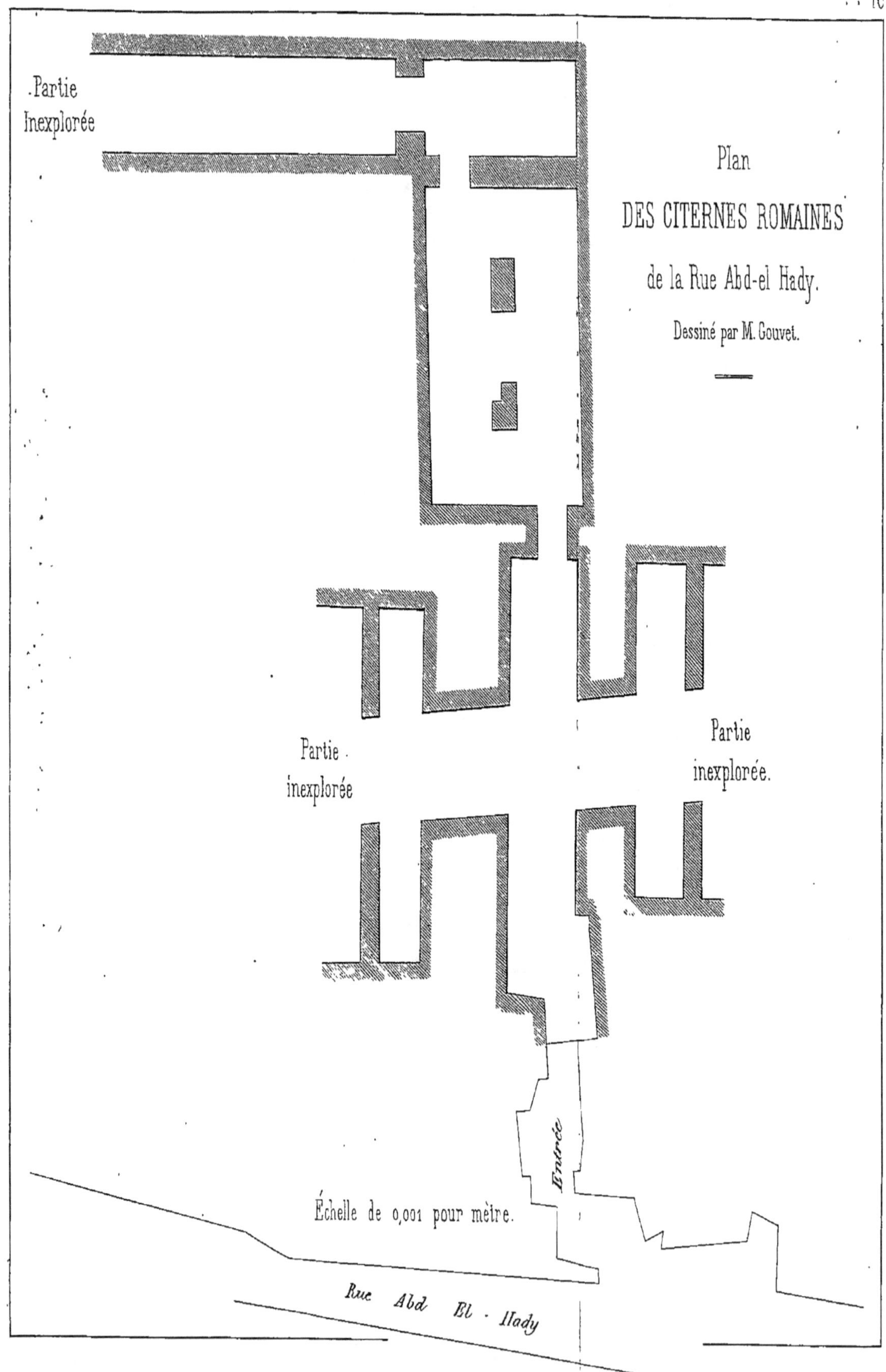
Partie
Inexplorée
Plan
DES CITERNES ROMAINES
de la Rue Abd-el Hady.
Dessiné par M. Gouvet.
Partie
inexplorée
Partie
inexplorée.
Entrée
Échelle de 0,001 pour mètre.
Rue Abd El - Hady

Tombeau d'une dame romaine de la Colonie des Phuensiens.
Ce dessin a été fait et donné par M. Maric.

Imp. Bineteau, Paris

Inscriptions de SIDI MÉDIEN, copiées par M. Tissot

N° 1

N° 2.

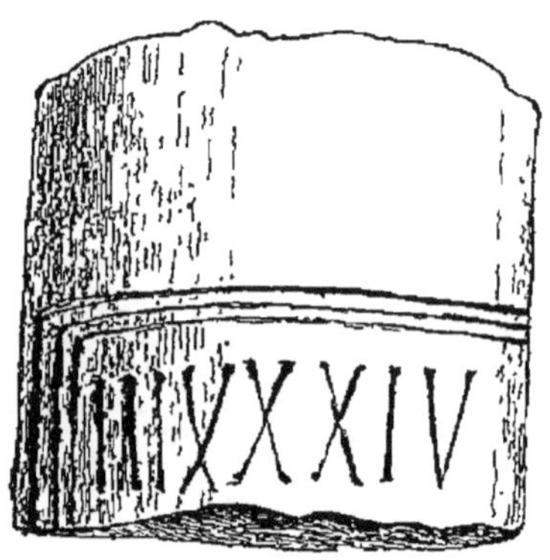

N° 3.

N° 4.

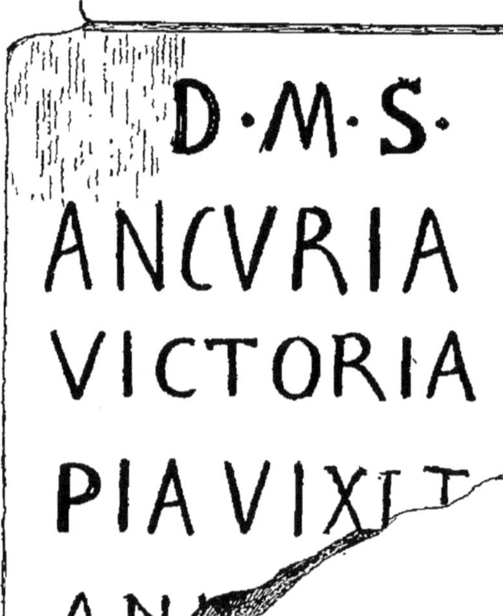

N° 8

LIILLIVSLIIILIMAVRELIANVS IIPIVS VIXIT·ANN
ILEIDIA L·FILIA·QVARTINA·PIA·VIXIT ANNIS XIV IIIM

N° 5.

DAVERIVS AR
LORVM LARES
M S EACDEDICANT
O H PI PP

N° 9.

ROINO
IMP. CAES C·ELA
VIO·VALERIO·
CONSTANTIN
O PIO·FELICI·IN
VICTO AVG PO
NTIFICI·MAXI
MO GERMANIC
O·MAXIMO·S
ARMATICO·MAXI
MO·TRIBVNICIAE
POTESTATIS VIIII C
ONSVL T·CON

N° 7.

D PCNS·M·AVREL
L·GRILIVS·C

N° 6

Inscriptions de SIDI-MEDIEN.
Copiées par M. Tissot.

Dessins copiés à SIDI MÉDIEN,
par M. C Costa.

N° 10

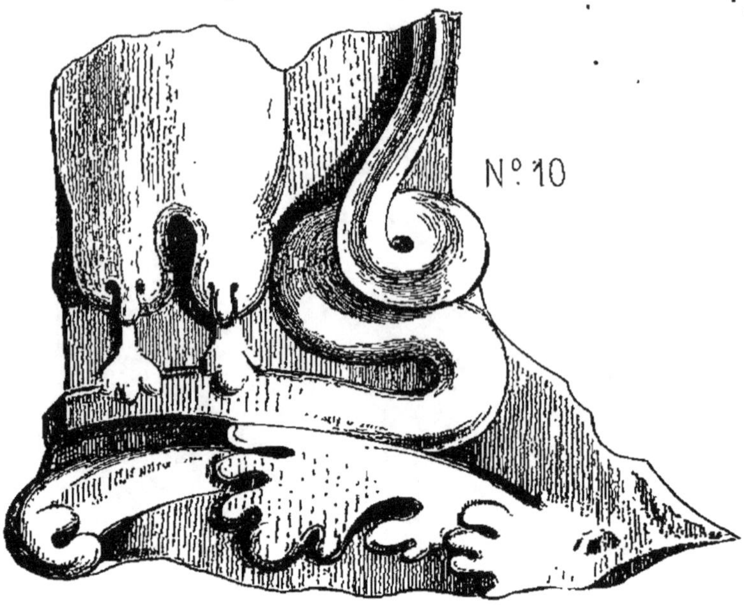

A

N° 11.

B

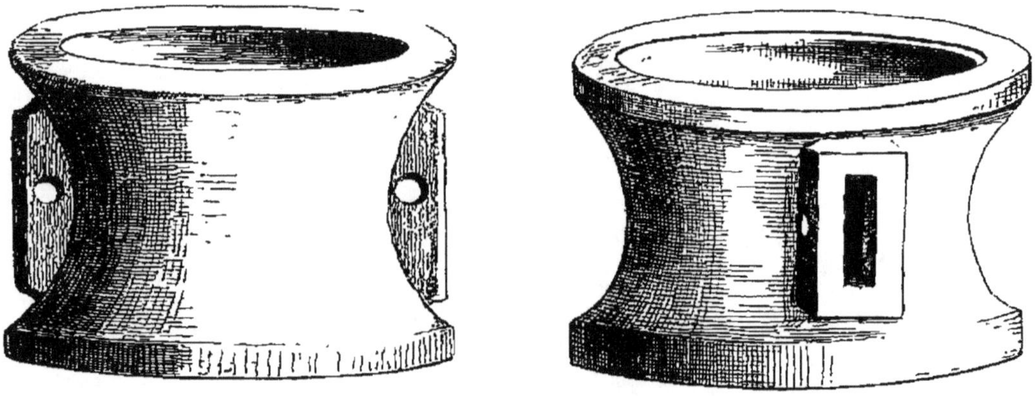

imp Bineteau Paris

www.ingramcontent.com/pod-product-compliance
Lightning Source LLC
LaVergne TN
LVHW080957230826
846092LV00006B/1054
* 9 7 8 2 3 2 9 7 9 9 0 9 4 *